La psychologie différentielle

COLLECTION DIRIGÉE PAR PAUL FRAISSE

LE PSYCHOLOGUE

La psychologie différentielle

MAURICE REUCHLIN

Professeur émérite de Psychologie différentielle à l'Université René-Descartes (Paris V)

PRESSES UNIVERSITAIRES DE FRANCE

ISBN 2 13 043268 9

Dépôt légal — 1re édition : 1969
5e édition mise à jour : 1990, septembre

Avant-propos pour la cinquième édition

Les cinq premiers chapitres de ce livre ont d'abord été rédigés en 1967-1968. A l'occasion de chacune des éditions ultérieures de l'ouvrage, y compris l'édition actuelle, quelques « mises à jour » ponctuelles ont été introduites. Mais le texte garde dans son ensemble l'orientation et la structure initiales. Rien de ce qu'il contient n'est probablement devenu faux. Mais les développements que la psychologie différentielle a connus pendant ces vingt et quelques années — sans parler de l'évolution des vues de l'auteur pendant une aussi longue période — ne peuvent s'inscrire facilement dans cette présentation. Nous avons donc choisi de rassembler en un chapitre distinct, le chapitre VI, quelques informations et réflexions sur ce qui nous paraît constituer les traits les plus caractéristiques de la psychologie différentielle actuelle. Cette addition, et de larges coupures dans le texte ancien, ont entraîné un remaniement de la Bibliographie et des Index.

Introduction

Des individus différents ne se comportent pas de façon identique, chaque individu a une façon relativement prévisible de réagir à une situation donnée, chaque collectivité possède des caractéristiques relativement stables : voici des faits qui sont établis par l'expérience la plus commune, celle qui permet à chacun de s'adapter de façon tolérable à la vie sociale. Ils constituent une première délimitation, partielle et grossière, du domaine de la psychologie différentielle.

Les tentatives qui sont faites pour appliquer à l'étude de ces faits une méthode scientifique se heurtent à des difficultés considérables. De telles différences sont difficiles à analyser : le niveau culturel, la façon de s'exprimer, les intérêts que l'on éprouve, le raisonnement que l'on utilise sont toujours partiellement associés. Elles sont plus difficiles encore à expliquer : l'hérédité, le milieu (et des caractéristiques différentes de ce milieu) jouent évidemment de façon conjointe. Un domaine difficile à fragmenter en thèmes de recherche limités, et dans lequel il est le plus souvent impossible de modifier de façon délibérée, à des fins expérimentales, les conditions dans lesquelles les phénomènes observés se produisent, ne paraît pas devoir s'ouvrir aisément à la méthode scientifique.

Ces faits difficiles à étudier apparaissent en outre, dans bien des cas, comme des faits irritants aussi bien pour l'homme engagé dans l'action sociale que pour l'homme de science.

Accepter de prendre pour objet d'étude des différences dont certaines peuvent se révéler difficiles à modifier, décider de n'écarter *a priori* aucune hypothèse quant à l'origine de ces différences (et en particulier l'hypothèse suivant laquelle elles peuvent relever en partie de l'hérédité) paraît, aux yeux de certains, une attitude socialement suspecte et propre à offrir une apparence de justification scientifique à des systèmes sociaux fondés sur l'inégalité des hommes.

Ce que cherche de son côté l'homme de science, ce sont d'abord des lois absolument générales, cette généralité contribuant largement à fonder leur validité. Les différences observées d'un individu à l'autre dans le jeu de ces lois apparaissent d'abord comme des composantes aléatoires du phénomène, des erreurs. Montre-t-on que les fluctuations interindividuelles n'ont pas toutes un caractère entièrement aléatoire ? Le fait doit bien alors réintégrer le domaine d'une science générale. Mais il en complique désagréablement les modèles, il compromet l'élégante simplicité de ses constructions.

Bref, le psychologue qui prétend étudier les aspects différentiels du comportement affronte des problèmes qui sont parmi les plus difficiles peut-être que la psychologie peut poser. Son travail ne jouit nécessairement d'un préjugé favorable ni sur le plan social ni sur le plan scientifique. On comprend que, si la psychologie différentielle a de nombreux utilisateurs dans certains domaines de la psychologie appliquée, les psychologues s'orientant vers des recherches objectives se dirigent plus souvent vers la psychologie générale, ses commodités, et sa légitimité incontestée.

Ce livre ne prétend pas nier le caractère très réel de difficultés qu'il évoque dès sa première page. Mais il cherchera à mettre en évidence les aspects positifs de ces difficultés, aspects qui peuvent constituer pour la psychologie différentielle un domaine nouveau, dont l'exploitation tend à susciter une évolution quant aux problèmes qu'elle se pose et aux méthodes qu'elle emploie.

Les difficultés relatives à l'analyse et à l'explication des différences de comportement rendent plus manifeste dans ce domaine la nécessité de définir le niveau d'observation qui caractérise la psychologie tout entière. Elles garantissent contre les tentations d'un « élémentisme », d'un « réductionnisme » qui ne définissent certainement pas la seule attitude expérimentale possible en psychologie. Elles conduisent à utiliser conjointement des observations nombreuses et que nos traditions universitaires qualifieraient de « pluridisciplinaires ». Elles incitent à travailler à l'édification d'un structuralisme reposant sur des bases méthodologiques précises, et la psychologie différentielle peut le faire en restant fidèle à ses traditions. C'est dire que ces difficultés amènent le psychologue à tenter de collaborer à une anthropologie, à une science de l'homme en milieu normal, à défaut de laquelle il serait peut-être difficile à la psychologie scientifique de rester fidèle à la fois à son objet et à sa méthode.

Les responsabilités sociales qu'assume le chercheur en psychologie différentielle ne sont qu'un exemple particulièrement clair des responsabilités que tous les chercheurs assument. La clarté de cet exemple n'est pas dépourvue d'intérêt. Elle permet une prise de conscience vécue et directe d'un problème qui est l'un des plus graves de notre temps. Elle met en pleine lumière les procédés par lesquels, avec les meilleures intentions du monde, on peut tenter d'orienter dans le « bon » sens une démarche de pensée se voulant objective et rationnelle. Les controverses relatives à l'origine des différences individuelles en fourniraient de nombreuses illustrations. Effectuer des recherches dont les conséquences sociales soient si immédiatement perceptibles constitue un « engagement » stimulant.

Enfin, si les différences entre individus ou catégories d'individus estompent la netteté des lois générales ou compliquent leur forme, elles n'en font pas moins partie intégrante d'une nature dont l'homme de science postule la cohérence. La psychologie différentielle appartient en ce sens à la psychologie générale. Un processus psychologique n'a pas reçu d'explication générale satisfaisante tant que l'on n'a pas expliqué comment peut intervenir dans son déroulement cette catégorie de facteurs associée aux différences individuelles. La psychologie différentielle peut ainsi apporter une critique théorique ou méthodologique à la psychologie générale. Elle peut lui apporter aussi sur ces deux plans une contribution positive. Il est, en particulier, évident que plusieurs conditions ayant une incidence sur le déroulement des processus que la psychologie générale étudie ne peuvent être contrôlées ou modifiées expérimentalement que par un choix délibéré des sujets sur lesquels portent les observations.

CHAPITRE PREMIER

Origines et premiers développements de la psychologie différentielle

Le développement de la psychologie différentielle a été associé en partie au développement de systèmes théoriques beaucoup plus larges. Cependant, et surtout à une date plus récente, le support théorique des études différentielles paraît s'être affaibli, et l'on a assisté à un développement de techniques ou d'applications dont les auteurs ne se réclament d'aucun système théorique. Il faudrait certainement forcer beaucoup les faits pour affirmer que les préoccupations théoriques étaient d'abord exclusives, puis qu'elles ont disparu. L'évolution, cependant, s'est faite dans ce sens, dans le secteur différentiel de la psychologie comme dans d'autres. On pourra donc, à condition de ne pas s'astreindre à un ordre chronologique strict, examiner ici successivement les développements de la psychologie différentielle paraissant liés à l'évolution de certains systèmes philosophiques, biologiques ou proprement psychologiques, puis les développements qu'il est permis de considérer comme relativement indépendants de tels systèmes.

A) LES DIFFÉRENCES INDIVIDUELLES COMME ILLUSTRATIONS DE THÉORIES GÉNÉRALES

1. *La théorie des facultés. Innéisme et empirisme*

Pour décrire les différences individuelles s'imposant à l'observation la plus commune, il faut tout d'abord que le langage offre des mots permettant de le faire. Il faut, par conséquent, que des catégories soient établies, que des concepts soient formés, à partir du nombre infini d'aspects sous lesquels les hommes peuvent être comparés. Ces catégories peuvent coïncider avec celles qu'une tradition fort ancienne a établies entre les faits psychiques considérés sous l'angle le plus général, chacune de ces catégories de faits étant alors considérée comme la manifestation d'une « faculté » de l'âme. L'intellect ou le vouloir ont été considérés, entre autres, comme des facultés dont la nature et la mise en œuvre ont offert des thèmes à la réflexion philosophique ; des hommes différents peuvent manifester des degrés très différents d'intelligence ou de volonté.

L'existence de différences aussi manifestes pose un second problème : celui de leur origine, innée ou acquise. Ce problème différentiel s'insère lui aussi dans un problème philosophique tout à fait général, concernant l'origine des principes de la connaissance, innés pour certains philosophes, entièrement dérivés de l'expérience pour d'autres.

On sait que les solutions qui ont été proposées à ces deux problèmes ne sont pas indépendantes et que les philosophes empiristes n'accordent en général guère d'importance à la théorie des facultés.

Il est bien difficile de déterminer l'origine de la théorie des facultés, puisqu'il suffit d'évoquer ce que l'homme est, en tant que tel, capable de sentir, de penser, de vouloir, de faire pour paraître se rattacher à cette théorie. On peut cependant relever quelques convergences entre cet intérêt à l'égard d'une étude analytique des « pouvoirs » spéciaux de l'âme et un intérêt à l'égard des différences observables entre individus concrets quant à la façon dont ils usent de ces pouvoirs.

On a souvent relevé l'intérêt accordé par Platon, dans *La République*, aux différences individuelles innées et non modifiables. La fixité de ces différences doit être utilisée par le législateur pour maintenir la fixité sociale, c'est-à-dire pour Platon l'unité et la justice. Une réglementation habile des mariages doit permettre de maintenir, au sein de chaque classe sociale, la prédominance des caractères permettant aux individus d'assumer de façon satisfaisante pour la Cité les fonctions incombant à sa classe.

L'origine moderne de la théorie des facultés est recherchée, en général, dans l'œuvre d'un mathématicien et philosophe allemand, C. Wolff (1679-1754). Dans sa *Psychologie rationnelle* (1734), il défend l'existence de facultés distinctes que l'âme peut utiliser, mettre en œuvre, sans rien perdre de son unité, pas plus que le corps ne perd son unité lorsqu'il accomplit successivement des actes différents. Cet aspect de la théorie réapparaîtra dans la doctrine de l'École écossaise ou dans celle de l'École éclectique, et quelque chose peut-être en restera perceptible dans l'une des interprétations offertes deux siècles plus tard par Spearman des relations entre son « facteur général » et ses « facteurs spécifiques », le facteur général étant conçu comme une « énergie » pouvant s'investir dans telle ou telle « machine » représentée par les facteurs spécifiques (*Les aptitudes de l'homme*, 1927). Chez Wolff, cette théorie générale des facultés était associée à la reconnaissance de différences individuelles dans les pouvoirs de l'intellect, de l'imagination, de la mémoire, de la perception sensorielle (*Psychologie empirique*, 1732).

L'École philosophique qui a eu, sans doute, l'influence la plus grande sur les manifestations ultérieures de la théorie des facultés est l'École écossaise de T. Reid (1710-1796) et D. Stewart (1753-1828). L'enseignement de Reid est d'abord une réaction contre le scepticisme de Hume prétendant que l'esprit, ne pouvant connaître que ses propres processus, ne peut être assuré ni de l'existence du monde extérieur, ni de l'existence de Dieu. Reid en appelle au sens commun, au langage, pour réfuter ce scepticisme et restaurer l'homme dans sa dignité de créature divine. C'est Dieu en effet, affirme-t-il, qui lui a accordé le pouvoir de connaître le monde extérieur par ses sensations. A la fin de sa vie, il consacre deux ouvrages à analyser les « pouvoirs », c'est-à-dire les facultés de l'esprit humain. Cette analyse, dans la perspective spiritualiste et religieuse de Reid, ne pouvait être que purement rationnelle (*Essays on the intellectual powers of man*, 1785) ; (*Essays on the active powers of the human mind*, 1788). Dans ces ouvrages, on trouve une liste de vingt-quatre « pouvoirs actifs » (conservation, faim, imitation, désir du pouvoir, etc.), et six « pouvoirs intellectuels » (perception, jugement, mémoire, etc.). Cette théorie des facultés fournit à Stewart, à la fin du XVIIIe siècle et au début du XIXe, une psychologie facile à vulgariser : que les différences individuelles en matière de mémoire témoignent du développement inégal de la faculté de mémoire est une affirmation assez vaine, mais propre à satisfaire le « sens commun » à partir duquel le système de Reid a été construit.

C'est aux Écossais que F.-J. Gall (1758-1828) emprunte essentiellement la liste des trente-sept facultés dont il prétendait reconnaître la localisation cérébrale d'après les protubérances du crâne. Chacune de ces facultés aurait eu son siège dans une région du cerveau. Cette région aurait été d'autant plus développée que l'individu aurait possédé à un degré plus élevé la faculté considérée, et ce développement du cerveau aurait suscité une protubérance crânienne observable par palpation de la tête. On s'aperçut vite de la fragilité de cette construction : le développement du cerveau n'est pas lié à la forme extérieure du crâne ; les rapprochements effectués par Gall entre ce qu'il savait du comportement des sujets et les observations qu'il faisait sur leur crâne étaient réalisés dans de telles conditions qu'ils n'auraient pu, de toute façon, décrire une liaison objective. Cependant, la popularité de cette « phrénologie » a contribué à maintenir vivante l'idée que l'esprit était doté de facultés indépendantes et que le destin de chaque individu était déterminé par le degré de développement inné de chacune de ces facultés. Il faut remarquer que la tentative de Gall visait à confirmer l'une par l'autre une théorie générale et une théorie différentielle : ce sont les différences observées entre les individus qui permettaient, en principe, de délimiter la zone correspondant à chacune des facultés, et donc d'établir l'existence générale de celles-ci et de leur substrat cérébral. C'est seulement beaucoup plus tard, avec l'analyse factorielle, que des tentatives différentielles de cette forme parviendront effectivement à apporter une contribution à la psychologie générale. Mais l'idée que le volume de la tête d'un individu pouvait avoir un rapport avec le développement de son intelligence ne disparut pas avec la phrénologie. On sait que de nombreuses recherches sur ce sujet furent effectuées par A. Binet, qui ne fut convaincu de leur stérilité que vers 1910.

L'École éclectique française devait également reprendre la théorie écossaise des facultés qui s'insérait ici dans un contexte spiritualiste (T. Jouffroy, *Des facultés de l'âme humaine*, 1828). Mais on n'aperçoit guère de liens entre cette dernière renaissance de la théorie des facultés et l'étude des différences individuelles. La psychologie différentielle va s'inscrire, au contraire, dans le programme d'une psychologie à vocation scientifique qui apparaîtra en France avec Ribot quelques décennies plus tard, en opposition avec la tradition éclectique. De façon apparemment contradictoire, cette psychologie nouvelle était beaucoup plus voisine d'une tradition empiriste et associationniste qui s'était opposée aux Écossais comme aux Éclectiques, tradition dont nous allons très rapidement descendre le cours, en nous limitant, bien entendu, au point de vue qui est ici le nôtre.

Les empiristes, soutenant que nos connaissances sont exclusivement ou essentiellement des acquisitions de l'expérience, étaient naturellement amenés à rejeter la théorie des facultés et l'hypothèse relative à l'existence de différences innées entre les hommes. Cette attitude s'est constamment manifestée non seulement chez les associationnistes, mais encore chez les psychologues expérimentalistes s'inspirant plus ou moins directement d'eux. Elle se trouve, sans doute, à l'origine de la cécité ou au moins du désintérêt dont ces premiers expérimentalistes ont témoigné à l'égard des différences individuelles.

Cependant, au sein même de la tradition associationniste en philosophie, le problème s'est posé très tôt de savoir pourquoi les associations pouvaient prendre des cours très variables suivant les circonstances et suivant les personnes. T. Hobbes avait formulé la question dès 1651, dans *Leviathan*, mais il est significatif qu'elle n'ait apparemment intéressé aucun de ses successeurs, jusqu'à T. Brown (1778-1820), et que celui-ci ait appartenu autant à l'École écossaise (il fut l'assistant de D. Stewart) qu'à l'École associationniste. Celle-ci lui doit cependant les « lois secondaires de l'association », qui représentent une tentative pour rendre compte de la diversité des associations. Au nombre de ces lois figurent celles qui concernent les différences constitutionnelles entre individus (qui donnent plus de force relative à telle orientation des associations qu'à telle autre), les différences intervenant dans le temps chez le même individu sous l'effet des émotions, la diversité des états temporaires (intoxications, maladies, etc.), les habitudes de vie.

On trouve une autre allusion aux différences individuelles dans l'ouvrage de A. Bain, *The senses and the intellect* (1855), qui reconnaît à chaque individu une capacité constitutionnelle plus ou moins grande à établir des liaisons et qui affirme incidemment, à cette occasion, que toutes les propriétés de la nature humaine sont, de la même façon, inégalement réparties.

Mais c'est un autre des derniers associationnistes, H. Spencer (1820-1903) qui, sans s'intéresser lui-même directement à l'étude des différences individuelles, va contribuer le plus efficacement à réintégrer cette étude dans le domaine de l'empirisme. Son influence en la matière dépendra moins de ses attaches associationnistes que de sa théorie philosophique de l'évolution qui précède de très peu la publication de l'ouvrage fondamental du naturaliste Darwin : *Les principes de psychologie* de Spencer sont de 1855, *L'origine des espèces* de Darwin de 1859.

Pour Spencer, des associations répétées engendrent chez l'individu une tendance qu'il peut transmettre à ses descendants. Ainsi se trouve expliquée, d'une façon pouvant satisfaire un empiriste, l'existence innée chez l'individu de différents niveaux d'activité psychique : ces différents niveaux ont été acquis par l'espèce. Les instincts se forment ainsi à partir des réflexes, la mémoire et la connaissance à partir des instincts. Il faut remarquer une certaine ressemblance entre cette hiérarchie évolutionniste de Spencer et certains des schémas offerts antérieurement par la théorie des facultés. L'idée, reprise notamment par Jouffroy, que l'âme ne possédait en fait qu'une faculté, le « pouvoir personnel » qui gouvernait diverses « capacités », pouvait en effet donner à la théorie des facultés, pour des raisons tout à fait indépendantes, une forme hiérarchique. Cela est si vrai que Janet a pu écrire qu'il avait trouvé chez Jouffroy l'idée d'une « dissolution » hiérarchisée, sous l'effet de la maladie, des différents niveaux de la conduite, alors que son maître Ribot avait emprunté la même idée à Spencer et à Jackson (le neurologiste la tenant du philosophe). Ce schéma hiérarchique, en dehors de l'usage bien connu qui allait ainsi en être fait par la psychologie pathologique française, intéresse plus directement encore la psychologie différentielle. Il sera en effet utilisé, comme nous le verrons, par l'analyse factorielle anglaise après Spearman, et conduira à différencier les individus selon une hiérarchie de facteurs de plus en plus spécifiés.

Un autre des principes évolutionnistes de Spencer recevra ultérieurement une application en psychologie différentielle. Pour Spencer, l'évolution se fait dans le sens d'une diversification croissante, d'un état homogène inorganisé vers un état hétérogène organisé. Plusieurs psychologues ont pensé, beaucoup plus tard, vérifier cette hypothèse en ce qui concerne la diversification des aptitudes : au cours du développement, les enfants ne se différencient guère d'abord, d'après eux, que sous l'angle d'un facteur global et ce n'est que progressivement qu'apparaissent, entre individus identiques sous l'angle de ce facteur global, des différences systématiques relatives à des secteurs plus limités du comportement.

Mais, en dehors de ces contributions plus ou moins spécifiques aux « modèles » qu'utilisera la psychologie différentielle, l'influence de Spencer est surtout importante en ce qu'elle a contribué à réintégrer l'étude des différences individuelles dans le programme d'une psychologie nouvelle résolument empiriste rompant avec la philosophie. En ce qui concerne la France, on sait que ce programme figure dans l'Introduction du livre de Ribot sur *La psychologie anglaise contemporaine* (1870). On peut y lire, sous la plume d'un grand admirateur de Spencer (Ribot le tenait pour le plus grand des philosophes de son temps), à la fois une critique de la psychologie des facultés et l'esquisse d'un programme pour une « Éthologie individuelle » qui dessine clairement une partie au moins du domaine de la psychologie différentielle.

2. *Les théories biologiques de l'évolution*

La philosophie évolutionniste de Spencer a donc largement contribué à faire admettre que l'étude des différences individuelles ne relevait pas nécessairement d'un innéisme spiritualiste scientifiquement stérile. Il faut remarquer que, dans les premières années du XIXe siècle, la même leçon se dégageait des controverses entre naturalistes sur l'origine des espèces. C'était bien une différenciation entre individus qui était pour Lamarck à l'origine de la différenciation progressive des espèces, alors que ces différences entre individus ne pouvaient avoir de sens ni d'intérêt pour Cuvier professant que chaque espèce était l'œuvre de Dieu, et que chacune était donc nécessairement immuable depuis la Genèse. Si l'intérêt à l'égard des différences individuelles était souvent associé à une attitude spiritualiste dans le cadre de la théorie des facultés (chez T. Reid, par exemple), il en va donc exactement à l'inverse lorsqu'on envisage ces différences dans le cadre des théories biologiques de l'évolution. C'est la plus célèbre de ces théories, celle de Darwin, qui va se trouver à l'origine des développements les plus importants de la psychologie différentielle.

Il est sans doute inutile de rappeler en détail la théorie de l'évolution que Darwin (1809-1882) présenta, en 1859, dans *L'origine des espèces* : certaines des variations aléatoires qui s'observent entre individus d'une même espèce facilitent l'adaptation au milieu des individus chez qui elles se manifestent et par là augmentent les chances de survie de ces individus ; ces variations peuvent être héréditaires, tendant ainsi à se fixer et à susciter l'évolution de chaque espèce vers une meilleure adaptation aux conditions de vie qui sont les siennes.

Une telle théorie conduisait évidemment à accorder un grand intérêt aux différences individuelles. Le fait que son auteur soit un naturaliste, les violentes polémiques qu'elle suscita, firent de ces différences un objet d'observations précises, et non plus seulement de réflexions. La nature de la théorie conduisait en outre à traiter les observations ainsi recueillies par la statistique : il fallait démontrer que l'amplitude des variations interindividuelles à un moment donné de l'évolution était suffisante pour rendre vraisemblable une différenciation appréciable des chances de survie ; il fallait établir l'existence d'un certain degré de stabilité de ces variations d'une génération à la suivante.

Cette orientation méthodologique sera celle de la psychologie différentielle, pour le meilleur et pour le pire. Mais l'apparition d'une telle psychologie exigeait d'abord que la théorie de l'évolution fût appliquée aux « faits psychiques ». Darwin lui-même contribua à cette extension, par exemple en soulignant la similarité entre le raisonnement humain et certaines conduites observées chez les animaux supérieurs (*Descent of man*, 1871). Mais de tels travaux amorçaient une psychologie comparée, en particulier une psychologie animale, plutôt qu'une psychologie différentielle. C'est à un cousin de Darwin, F. Galton, qu'il revenait d'appliquer la théorie de l'évolution à l'étude des différences individuelles chez l'homme et de jouer ainsi un rôle majeur dans la fondation de ce qui allait devenir la psychologie différentielle.

Sir Francis Galton (1822-1911) est une personnalité extrêmement attachante, et la lecture du très volumineux ouvrage que son disciple K. Pearson a consacré à sa vie et à ses œuvres est passionnante. Sa fortune le dispensa d'exercer une profession, en particulier de solliciter une charge universitaire, et son indépendance d'esprit fut à l'image de cette indépendance sociale. Ce fut un esprit extrêmement brillant, marquant de contributions originales les domaines très divers qu'il parcourut en dilettante de génie. La théorie de l'évolution, et spécialement l'hérédité chez l'homme, constitue cependant le centre d'intérêt auquel se rattachent la plupart de ces contributions. En ce qui concerne la psychologie, elles constituent la matière d'ouvrages tels que *Hereditary genius* (1869), *Inquiries into human faculty and its development* (1883) et de nombreux articles.

Sa contribution théorique à l'étude des différences individuelles en psychologie humaine consiste essentiellement à rattacher cette étude au mécanisme général de l'évolution. Il est ainsi conduit à élaborer, dans notre domaine, les méthodes d'une observation objective et quantifiée.

Il utilise à cette fin un appareillage dont la conception n'est certes pas indépendante de ce que Galton a pu lire des travaux des laboratoires de psychologie allemands, mais qui est cependant original pour une large part. Il s'agit surtout d'épreuves sensorielles ou perceptives : sensibilité tactile, vision des couleurs, acuité visuelle, soupèsement, audition (« sifflet de Galton »), appréciation visuelle des distances. On voit que Galton reste fidèle à l'empirisme.

Il affirme, en effet, que la meilleure façon d'estimer les différences individuelles en matière de jugement et d'intelligence consiste à apprécier les différences individuelles dans l'efficacité des organes des sens, puisque ce sont les sens qui fournissent à l'intelligence les données sur lesquelles elle peut s'exercer. En cela, Galton se trompe, et Binet corrigera son erreur. Notons les caractères communs à ces épreuves qui constituent en fait les premiers tests : elles sont simples, n'exigent que peu de temps, afin qu'il soit possible de les appliquer à un grand nombre de personnes, ce qui est indispensable pour obtenir une estimation de l'amplitude des différences individuelles dans l'espèce (et Galton réalisera une telle application à grande échelle dans le laboratoire anthropométrique qu'il installera à Londres, en 1884, à l'occasion d'une Exposition internationale et qui fonctionnera pendant six ans) ; elles ne visent pas à mettre en évidence les mécanismes, mais seulement les résultats. Ce second caractère découle peut-être du premier par nécessité. Mais il traduit aussi une orientation de pensée qui peut se rattacher à la théorie de l'évolution : ce qui importe pour estimer les chances de survie, c'est bien ce que l'individu est finalement capable de faire, par quelque mécanisme qu'il y parvienne. Cependant, Galton ne refuse pas l'emploi de l'introspection. Il la pratique sur lui-même, allant jusqu'à se livrer à des expérimentations personnelles des plus pittoresques. Il l'utilise comme moyen d'observation systématique pouvant porter sur de grands nombres, créant à cette occasion un questionnaire extrêmement précis sur la nature des images mentales, dont il découvre qu'elles différencient les individus en un certain nombre de types. Enfin, Galton pratique le recueil systématique de données biographiques sur plusieurs générations d'une même famille, afin de mettre en évidence des caractères appartenant à plusieurs générations successives et pouvant être éventuellement attribués à l'hérédité. Mais la rigueur de cette imputation ne le satisfait pas pleinement, les influences d'un milieu stable pouvant être aussi invoquées, et il ébauche une méthode qui deviendra plus rigoureuse quelques décennies plus tard, l'observation des jumeaux (1875).

Les contributions de Galton aux méthodes statistiques, permettant de traiter des données nombreuses et quantifiées, sont peut-être plus importantes encore. Le statisticien belge A. Quetelet (1796-1874) avait déjà remarqué qu'une loi mathématique étudiée par Laplace et Gauss s'appliquait à la distribution de données anthropométriques comme la taille. Son interprétation était fixiste, assez proche dans son esprit de l'attitude de Cuvier, mais assez irrévérencieuse au fond à l'égard du Créateur : les différences individuelles ne manifesteraient, semble-t-il, que des erreurs commises au cours de tentatives répétées visant chaque fois à reproduire un nouvel exemplaire de l' « homme moyen » ; d'où l'identité de forme entre leur distribution et la distribution des erreurs de mesure. Galton, bien entendu, n'adoptera pas cette perspective. Mais il acceptera le postulat — rejeté depuis — du caractère universel et « naturel » de la distribution de Laplace et Gauss. Il adoptera la loi de cette distribution pour déterminer quelles proportions successives de la population peuvent être utilisées pour séparer des degrés « équidistants » d'une variable ainsi distribuée, le « génie » par exemple (*Hereditary genius*, 1869). Il faut voir là l'origine des méthodes définissant une métrique à partir des fréquences, méthodes largement utilisées en psychologie différentielle sous le nom d' « étalonnages ». Mais la contribution statistique essentielle de Galton réside dans son apport à la théorie des corrélations et à la technique de leur mesure (vers 1880). On peut dire, sans injustice à l'égard des autres contributeurs à cette question tels que A. Bravais et K. Pearson, que c'est Galton qui a mis en évidence la portée essentielle, en biologie, de la mesure des liaisons partielles entre séries de mesures. Ces liaisons entre deux séries d'observations suggèrent, en effet, l'idée que les deux phénomènes observés sont placés en partie sous la dépendance de causes communes, en partie sous la dépendance de causes indépendantes, et offrent un moyen de décrire cet état de choses et de progresser dans son analyse (analyse « factorielle »). La psychologie différentielle a largement utilisé le coefficient de corrélation, bien qu'elle ne l'ait pas fait en général dans la perspective qui était d'abord celle de Galton : estimer le degré de ressemblance du même caractère mesuré sur deux générations successives (le premier coefficient de régression est calculé par Galton en 1877, sur des mesures du diamètre de deux générations successives de graines de pois). Nous revenons par là au centre des préoccupations de Galton : l'importance de l'hérédité dans le mécanisme de l'évolution. Cette préoccupation centrale de Galton va-t-elle donner aux applications qu'il envisage cette orientation « statique » que l'on a parfois reprochée à certaines applications de la psychologie différentielle ? Certainement pas si le problème est posé à l'échelle de l'évolution de l'espèce. Galton fut, en effet, le hardi fondateur de l'eugénique : le respect de certaines règles dans le choix des conjoints favoriserait l'évolution de l'humanité vers un état de meilleure adaptation au milieu, permettrait d'éliminer ses tares héréditaires et d'accélérer au contraire le développement de ses qualités. On sait aujourd'hui quelles applications criminelles de cette utopie ont pu être faites par le nazisme. A l'échelle individuelle, Galton n'hésitait pas à attribuer à une hérédité (non modifiable à cette échelle) des conduites que nous expliquons autrement, la délinquance par exemple. Mais il serait beaucoup trop hâtif de généraliser à l'ensemble des applications qu'il préconisait une telle erreur de jugement. S'il invitait spécialement les parents et les éducateurs à conduire les enfants dont ils avaient la charge au laboratoire anthropométrique, c'était pour deux raisons qu'il distinguait clairement : « connaître leurs aptitudes » *(powers)*, « être averti à temps de défauts de développement auxquels on peut porter remède ». C'est dans la même perspective psychopédagogique qu'il préconise l'usage de fiches individuelles que les maîtres et des laboratoires spécialisés auraient tenues à jour pour chaque enfant (tous les quatre ans, le 29 février !). J. Sully, qui appartenait aussi au « groupe Darwin », W. McDougall, disciple de Galton, vont faire passer dans la pratique de la psychologie pédagogique anglaise naissante quelque chose de ces conseils dont on peut penser que l'orientation était bonne.

L'influence de la théorie biologique de l'évolution sur la psychologie différentielle s'est étendue au-delà des travaux de Galton. On sait quel succès elle connut aux États-Unis, alors nation de pionniers dont la philosophie implicite constituait sans doute, pour une théorie de la lutte en vue de l'adaptation, un terrain particulièrement favorable. Une psychologie différentielle s'intégrait facilement dans la psychologie fonctionnaliste américaine. On peut noter que c'est à l'occasion de ses développements américains que la psychologie différentielle a heurté le plus ouvertement la psychologie expérimentale d'inspiration allemande dont les fondements philosophiques seraient à rechercher dans l'empirisme associationniste des Mill plutôt que dans celui de Spencer. Pour cette psychologie, l'étude empirique des différences individuelles ne paraissait guère plus prometteuse que ne l'aurait été l'étude des facultés de l'École écossaise. Dans ce domaine, Wundt ne comprendra guère les intérêts de Cattell, et Titchener polémiquera avec Baldwin.

J. McKeen Cattell (1860-1944) fut le premier assistant de Wundt, à Leipzig, et c'est entre 1883 et 1886 qu'il publia ses premiers travaux sur un sujet alors classique, la mesure des temps de réaction, qu'il abordait d'un point de vue différentiel. Il s'était, en effet, passionné pour la théorie de l'évolution avant même ses études en Europe. Il entre en contact avec Galton en 1888 et son article de 1890 où le mot « test » est employé pour la première fois est accompagné de Remarques de Galton dans lesquelles celui-ci recommande ce que nous appellerions une validation de ces tests, c'est-à-dire la comparaison de leurs résultats à un critère indépendant. Les psychologues américains vont suivre ce conseil. Mais les épreuves élémentaires que Cattell avait introduites aux États-Unis (respectant en cela les thèmes de Wundt et l'exemple de Galton) se révélèrent en corrélation très faible avec les résultats universitaires des étudiants qui les avaient subies. C'est Binet qui devait, un peu plus tard, modifier les données de ce problème. L'influence de Cattell sur le développement des applications de la psychologie différentielle aux États-Unis n'en fut pas moins considérable.

Ce n'est pas un problème d'application, mais bien un problème théorique qui opposa vers 1895, dans le domaine des différences individuelles, un psychologue fonctionnaliste, J. M. Baldwin (1861-1934) à un fidèle disciple de Wundt, le structuraliste E. B. Titchener (1867-1927). Dans une expérience de temps de réaction, on peut demander au sujet d'être surtout attentif au signal qu'il va percevoir ou surtout attentif à la réaction que ce signal doit déclencher. Avec des sujets entraînés à ces expériences, le temps nécessaire à la réaction est plus long d'un dixième de seconde dans la première condition (réaction « sensorielle ») que dans la seconde (réaction « motrice »). Cette constatation constitue pour Titchener le seul fait scientifiquement intéressant, parce que général. Mais, si l'on répète cette expérience avec des sujets non entraînés, on constate alors que ces sujets se répartissent en deux types : les uns réagissent plus vite dans l'une des conditions, les autres dans l'autre condition. Pour Baldwin, c'est là le fait important, car la psychologie doit avoir pour objet l'homme tel qu'on le rencontre dans la nature, et non le sujet entraîné du laboratoire de psychologie. Il est clair qu'il n'y a pas contradiction entre les deux faits. Mais la polémique illustre bien une tendance de la psychologie expérimentale « générale » à rejeter hors du domaine scientifique l'étude des différences individuelles, et une tendance de la psychologie différentielle à s'intéresser davantage à l'homme considéré dans ses conditions « naturelles » de vie.

3. *Les théories génétiques. Le problème « hérédité-milieu »*

Le mot « théorie », pris dans le sens de « construction hypothétique se proposant d'expliquer un grand nombre de faits », peut s'appliquer à la fois aux facultés, à l'évolution et à la génétique. Mais une nuance essentielle distingue alors ces trois emplois : la valeur heuristique des hypothèses dont il s'agit est à peu près nulle en ce qui concerne les facultés issues de la spéculation gratuite des philosophes, elle est considérable en ce qui concerne les hypothèses de la génétique moderne qui n'ont cessé, depuis le début du siècle, d'être soumises à de multiples vérifications utilisant l'observation ou l'expérience, et de s'enrichir grâce à elles.

Cette étude scientifique de l'hérédité avait en fait commencé en 1865, année de la publication simultanée et indépendante des travaux de G. Mendel et de C. Naudin. Mais elle ne prit son essor qu'à partir de 1900. Elle permit assez vite d'accumuler des arguments très solides en faveur du caractère héréditaire d'un certain nombre de caractéristiques physiques par lesquelles chaque individu se distingue des autres. L'extension de cette constatation aux caractéristiques mentales, psychologiques, ne peut se faire qu'avec la plus grande prudence, le mécanisme génétique de la transmission héréditaire de ces caractéristiques étant certainement des plus complexes, et particulièrement difficile à dissocier des influences du milieu. Il n'en devenait pas moins chaque jour plus évident que l'individu n'était certainement pas, à sa naissance, cette « table rase », cette « cire vierge », qui servaient de modèles à la psychologie empiriste.

Il faut bien voir qu'il y avait là, pour la psychologie scientifique naissante, une contradiction qu'elle n'a peut-être pas entièrement surmontée encore, et qui est sans doute à l'origine du désintérêt auquel se heurte souvent en son sein l'étude des différences individuelles. En effet, l'attitude scientifique en psychologie avait été jusque-là beaucoup plus marquée chez les empiristes que chez les nativistes. Et cela non seulement à propos de la controverse sur la connaissance de l'espace, mais de façon beaucoup plus générale : Helmholtz et Wundt sont aussi proches des empiristes anglais qu'ils sont éloignés de Leibnitz, de Kant ou de Fichte. L'expérience individuelle seule construisait l'esprit et c'est parce qu'il en était ainsi que la psychologie pouvait être ou devenir une science expérimentale. On voit combien cette attitude paraissait en contradiction avec les résultats, établis de plus en plus solidement sur le plan scientifique, qui rendaient moins vraisemblable l'hypothèse même sur laquelle les ambitions scientifiques de la psychologie s'étaient d'abord fondées. Cette contradiction était d'autant plus claire que la génétique nouvelle rendait hautement vraisemblable le caractère non transmissible des modifications acquises par l'individu et qu'elle tendait donc à affaiblir considérablement les positions de Lamarck et, en psychologie, celles de Spencer qui offraient jusque-là, nous l'avons dit, un terrain d'entente au moins à l'échelle de l'espèce entre les empiristes et leurs adversaires. On comprend que ces difficultés ne pouvaient qu'accroître les réticences éprouvées par certains psychologues expérimentalistes devant l'étude des différences individuelles. On comprend également que les controverses relatives à la génétique aient eu des retentissements immédiats dans le domaine de la psychologie différentielle et que, par exemple, la victoire temporaire de Lyssenko sur la génétique mendélienne (en U.R.S.S., vers 1948) se soit accompagnée d'une vague de critiques extrêmement violentes contre la psychologie différentielle.

Mais si les difficultés rencontrées par les psychologues pour assimiler les données de la génétique nouvelle pouvaient inciter certains d'entre eux à s'écarter du domaine où ces difficultés se manifestaient le plus clairement, cette même génétique fournissait par contre des raisons nouvelles de poursuivre les études entreprises par Galton sur les différences individuelles, et d'en étendre le champ.

Les études généalogiques tentent de vérifier les hypothèses mendéliennes. C'est par exemple ce que fait H.-H. Goddard en 1914, recueillant des données sur les familles de 1 700 débiles mentaux et s'efforçant de montrer que la débilité se comporte à l'égard de l'intelligence normale comme un caractère mendélien récessif à l'égard du caractère dominant correspondant. On essaye également de rapprocher de certains modes de transmission mendélienne l'hérédité bien connue du talent musical (V. Haecker, T. Ziehen, 1922).

Cependant le schéma proposé par la théorie mendélienne pour la transmission de caractères placés sous la dépendance d'un seul gène (la couleur des yeux par exemple), ne s'appliquait manifestement pas à la transmission d'un caractère tel que l'intelligence : la distribution continue de ce caractère dans la population, les corrélations observées entre parents et enfants ou entre frères ou sœurs, quant au niveau mental, n'étaient pas en accord avec les déductions qui pouvaient être tirées de cette théorie. C'est la raison pour laquelle l'école biométrique de Pearson rejeta d'abord l'hypothèse de Mendel et s'appuya davantage, pour démontrer le caractère surtout héréditaire des caractéristiques mentales, sur un parallèle établi entre elles et les caractéristiques physiques, dont l'hérédité était considérée alors comme évidente (Pearson, 1904, 1919). La difficulté théorique fut surmontée, en 1918, par R. Fisher, qui montra que des faits incompatibles avec les hypothèses initiales de Mendel pouvaient être expliqués par un mode de transmission complexe faisant intervenir simultanément plusieurs gènes. Un tel mode de transmission a été, depuis, tenu pour vraisemblable en ce qui concerne l'hérédité des caractéristiques mentales.

Mais la ressemblance entre générations successives d'une même famille peut être attribuée en partie à une certaine stabilité des conditions de milieu, aux conditions favorables que peuvent créer pour leurs enfants des parents favorisés. Aussi s'efforce-t-on de mieux dissocier l'influence de l'hérédité de celle du milieu.

A partir de 1928, on utilise l'adoption comme une situation permettant des observations privilégiées : la ressemblance entre parents adoptifs et enfants adoptés paraissait ne pouvoir dépendre que de la communauté de milieu, de même que la ressemblance entre enfants adoptés et enfants de la famille adoptive, ou entre enfants d'origines différentes adoptés par la même famille (B. S. Burks, F. N. Freeman, etc.).

Cependant, c'est l'étude des jumeaux qui fournit dans ce domaine les conditions d'observation les meilleures. On sait qu'il existe deux catégories de jumeaux. Certains, les « faux-jumeaux », sont issus de deux œufs distincts fécondés indépendamment et ne se ressemblent pas plus que des frères ou sœurs conçus à des dates différentes. D'autres, les « vrais-jumeaux » proviennent du même œuf, ont un patrimoine héréditaire rigoureusement identique, et sont « le même individu tiré à deux exemplaires ». Ils constituent, bien entendu, un matériel de choix pour déterminer l'influence de l'hérédité sur les caractéristiques individuelles. Galton, dans ses premières études sur les jumeaux, ne pouvait pas utiliser cette distinction entre les deux catégories de jumeaux. E. L. Thorndike, qui publie en 1905 la première étude statistique sur 50 paires de jumeaux, ne l'utilise pas non plus. Il compare les corrélations obtenues entre jumeaux et entre frères ou sœurs, entre jumeaux jeunes et jumeaux plus âgés (faisant ainsi varier la durée pendant laquelle le milieu a exercé son influence), fait porter ces comparaisons sur des caractères mentaux ou sur des caractères physiques, sur des tâches apprises et sur d'autres qui ne le sont pas. Il souligne l'importance de l'hérédité, lorsque les conditions de milieu ne sont pas trop différentes. La première utilisation de la distinction génétique entre vrais et faux jumeaux paraît être due à Merriman (1924), qui constate que la corrélation entre le niveau mental de 38 paires de jumeaux de sexes différents (nécessairement de faux-jumeaux) est nettement plus faible que la même corrélation calculée sur 67 paires de jumeaux de même sexe (qui peuvent être vrais ou faux). L'étude historiquement essentielle en matière de jumeaux reste cependant celle qui fut publiée en 1937, à Chicago, par un généticien, H. H. Newman, un psychologue, F. N. Freeman et un statisticien, K. J. Holzinger. Elle a porté notamment sur l'observation de 19 paires de jumeaux identiques élevés séparément, un matériel précieux et très difficile à rassembler.

Des expériences véritables ne peuvent dans ce domaine porter sur l'homme, car elles exigent notamment un contrôle systématique du choix des progéniteurs. L'hérédité des différences individuelles en ce qui concerne le comportement d'animaux ayant à parcourir un labyrinthe a été étudiée sur le Rat par R. C. Tryon (1940), qui a pratiqué une sélection systématique pendant onze ans à partir de 1927, et sur la Drosophile qui a fourni en quelques mois le même nombre de générations successives (J. Hirsch et R. C. Tryon, 1956 ; J. Hirsch et L. Erlenmeyer-Kimling, 1961).

De façon générale, l'orientation des travaux réalisés au début du XXe siècle en psychologie différentielle était très favorable à l'hérédité, mendélienne ou non, des caractéristiques mentales. C'est encore dans cette perspective que sont d'abord présentés par C. C. Brigham, en 1923, les résultats des comparaisons qu'il pratique en utilisant les notes obtenues dans les tests militaires de la première guerre mondiale par des hommes nés hors des États-Unis, dans des pays différents. Plusieurs études comparatives, portant sur des groupes d'enfants distingués par le lieu de naissance ou la race de leurs parents, se rattachent à la même orientation. Mais c'est aussi vers cette époque que l'on commence à comparer plus souvent des groupes d'individus, et notamment d'enfants, distingués seulement d'après leurs conditions de vie (bien que quelques comparaisons de ce type aient été faites par A. Quetelet dès 1835, par A. Binet et T. Simon en 1906).

L'apparition d'un intérêt plus vif à l'égard de ce genre d'études traduit évidemment une évolution dans l'orientation dominante des travaux consacrés au problème « hérédité-milieu ». A. H. Arlitt intitule de façon significative, en 1921, un article sur les différences observées dans les tests entre enfants issus de milieux socio-économiques différents : « Sur la nécessité d'être prudent dans l'établissement de normes raciales. » Elle y montre que la structure socio-professionnelle variant d'un groupe ethnique à un autre, les différences entre ces groupes pouvaient être attribuées au moins en partie à des différences dans les conditions de vie. Les enfants de montagnards, les enfants de mariniers, furent de même comparés à la population générale dans cette perspective « culturelle ».

Des études longitudinales, pratiquées sur la même population examinée systématiquement à l'aide de tests psychologiques, furent également entreprises. La plus considérable de ces enquêtes fut réalisée en Écosse sous la direction de G. H. Thomson. Presque tous les enfants écossais de 11 ans furent examinés en 1932, et la même expérience fut répétée en 1947. Connaissant la corrélation négative entre le niveau mental et le nombre d'enfants dans la famille, on aurait pu craindre une baisse du niveau mental moyen de la population. En fait, ce niveau moyen s'élève légèrement. La discussion de ce résultat est complexe. Elle peut faire intervenir l'effet de l'amélioration générale des conditions de vie entre les deux enquêtes.

4. *Psychologie du contenu et psychologie de l'acte*
La psychologie
science « naturelle » ou science « culturelle »

Le développement de la psychologie différentielle n'a pas été seulement marqué par des théories philosophiques ou biologiques. Les orientations théoriques, qui ont infléchi le cours de la psychologie elle-même, ont eu naturellement des incidences sur la façon dont les psychologues ont considéré les différences individuelles. Ces incidences sont parfois plus diffuses, plus difficiles à saisir que ne le sont les impacts de théories extra-psychologiques. Tel est le cas notamment en ce qui concerne les manifestations, en psychologie différentielle, de deux théories devenues, en se diffusant et en se prolongeant, deux attitudes théoriques et méthodologiques, qu'il est commode de désigner, après E. G. Boring, par les expressions « psychologie du contenu » et « psychologie de l'acte ».

En 1873-1874 paraissent à peu près simultanément la première édition complète de la *Physiologische Psychologie* de W. Wundt et la *Psychologie von empirischen Standpunkte* de F. Brentano. Wundt est concerné par le *contenu* de la conscience tel que peut le révéler une introspection immédiate : sensations, images, affects. Chacun de ces éléments est plus ou moins durable, possède certaines caractéristiques propres, et peut être décrit indépendamment des autres éléments avec lesquels il se trouve associé. Les modifications de ce contenu de la conscience sous l'effet des modifications de la situation font l'objet d'expériences aussi précises que possible, utilisant un matériel de laboratoire et des méthodes quantitatives. Pour Brentano, le phénomène psychique que l'introspection nous livre d'abord est toujours un *acte*. C'est par exemple l'acte de voir avant d'être une sensation visuelle. L'intégration de ces actes et leur succession constituent un ensemble dynamique qui ne peut être appréhendé que dans son déroulement. Il en résulte que l'expérimentation ne peut avoir l'importance que lui accorde Wundt. Pour Brentano, un intérêt excessif à l'égard d'une méthode se voulant rigoureuse détourne en fait le psychologue de son objet.

Chacune de ces théories, associée à l'attitude méthodologique qu'elle implique, a eu une descendance qui peut être plus ou moins fidèle à ses origines, mais qui constitue cependant une orientation assez bien caractérisée. La psychologie expérimentale au sens strict n'accorde plus à l'introspection le rôle que Wundt lui assignait. Elle n'en est pas moins restée attachée à l'étude analytique de problèmes dont le niveau de complexité est limité par les possibilités d'une méthode expérimentale aussi rigoureuse que possible, méthode qui met souvent en œuvre un matériel relativement complexe et une élaboration quantitative précise en vue d'une explication des faits observés. Brentano a eu pour élève Husserl et se trouve ainsi à l'origine d'une phénoménologie qui tend à maintenir la psychologie dans le domaine de la philosophie, à la détourner d'un contrôle explicite et « public » des phénomènes et, par conséquent, d'une attitude scientifique et expérimentale. Il s'agit pour le psychologue de « comprendre », non d' « expliquer ».

A cette opposition entre ces psychologies « du contenu » et « de l'acte », on pourrait faire correspondre dans une large mesure une autre opposition, qui se manifeste aussi dans la psychologie allemande du début du siècle : celle qui distingue une psychologie « science naturelle » d'une psychologie « science culturelle », et dont certains aspects ont fait l'objet d'une controverse entre H. Ebbinghaus et W. Dilthey (vers 1895). Les psychologues considérant leur discipline comme une science « naturelle » se confondent en effet avec ceux dont on vient de dire qu'ils pratiquaient une psychologie « du contenu ». Ils mettent en œuvre une logique, des techniques expérimentales et quantitatives qui ne diffèrent guère de celles qui sont employées dans les sciences de la nature. Ils ont la même ambition : décrire des lois, conçues comme des relations quantitatives entre les variables utilisées (cette psychologie est donc « nomothétique »), et viser finalement une explication causale. Les psychologues considérant leur discipline comme une science « culturelle » s'inspirent davantage des méthodes de l'histoire. Ils s'efforcent de décrire des faits individualisés (leur méthode est « idiographique ») qu'ils replacent dans leur contexte historique, en bannissant l'idéal « atomistique » de la physique, et en tenant compte des valeurs et des significations adoptées par l'individu. Ils ne se réclament pas nécessairement de Brentano ou de Husserl. Mais on voit que leur opposition commune à l'école de Wundt rapproche nécessairement la psychologie « culturelle » de la psychologie de l'acte et de sa descendance phénoménologique, notamment en ce qui concerne l'intérêt à l'égard des « processus supérieurs » et la nécessité de chercher à « comprendre » les faits (au sens phénoménologique) plutôt que de chercher à les expliquer. Réciproquement, K. Jaspers par exemple, dont on sait l'importance qu'il accorde à la compréhension phénoménologique, déplore que « la psychologie officielle de nos jours s'occupe trop exclusivement des phénomènes élémentaires... » et encourage le développement d'une psychologie philosophique et culturelle : « Le psychiatre a besoin d'une psychologie à l'horizon plus large qui lui est transmise par les réflexions psychologiques faites au cours de milliers d'années, et qui commence de nouveau à être considérée par l'opinion officielle » (*Psychopathologie générale*, 1913).

Cette opposition entre une psychologie se rattachant aux sciences de la nature et les psychologies phénoménologique ou culturelle a profondément marqué le développement des travaux visant à différencier les individus ou à caractériser chacun d'eux.

La psychologie différentielle de Galton et de Cattell est issue de la psychologie du contenu, conçue comme une science « naturelle ». C'est parce qu'elle utilise des situations standardisées inspirées de celles du laboratoire qu'elle peut fournir sur chaque individu des résultats contrôlables et comparables d'un individu à l'autre. C'est pour exploiter ces possibilités de comparaison qu'elle est quantitative et statistique. Elle peut rechercher les lois qui relient des différences observées dans des situations différentes, donc être « nomothétique ». Elle s'efforce d'être explicative, les recherches sur les jumeaux, par exemple, en témoignent. De telles situations standardisées mettent en jeu plus facilement des processus élémentaires que des processus supérieurs. Elles sont à peu près nécessairement analytiques.

Une psychologie phénoménologique ou une psychologie considérée comme une science culturelle incitent davantage à une étude approfondie d'individus particuliers. De même que la conscience est toujours conscience de quelque chose, elle est nécessairement la conscience de quelqu'un. L'histoire d'un individu, envisagée dans son ensemble, n'est comparable à l'histoire d'aucun autre. La perspective va donc être « idiographique » plutôt que « nomothétique ». Chaque individu sera considéré comme une structure, une totalité au sein de laquelle aucun élément d'information n'aura de signification indépendante. Ces éléments d'information seront des actes, des processus, ne pouvant être envisagés que dans leur déroulement historique, dans leur dynamique propre. Ce déroulement sera guidé par les intentions, les valeurs de la personne. Un tel programme d'observation est très difficilement compatible avec l'emploi de situations standardisées ou d'un langage numérique. On utilisera des modalités d'observation peu formalisées ou tout à fait libres, mais on prolongera en principe cette observation : ne faudrait-il pas connaître la vie entière d'un individu avant de porter un jugement sur son intelligence ? (Jaspers.)

Ces deux orientations paraissent profondément divergentes[1]. La première seule peut servir de fondement à une psychologie proprement différentielle qui est nécessairement d'abord une psychologie comparative. La « compréhension » successive d'individus différents ne suffit pas à permettre une comparaison de ces individus. Le principe de cette comparaison paraît même dépourvu de

1. On trouvera la défense d'une thèse opposée à celle qui est présentée ici dans LAGACHE (D.), *L'unité de la psychologie*, 1949.

sens dans la perspective phénoménologique ou dans celle de la psychologie « culturelle ».

Cependant, ces deux attitudes se sont développées simultanément, parfois à l'égard des mêmes problèmes, et si cette situation a contribué à infléchir le développement de la psychologie différentielle, elle a créé aussi un certain nombre d'ambiguïtés.

On en trouvera un premier exemple dans l'usage de la notion de types, notion trop ancienne pour que nous en ébauchions ici l'historique, mais qui a été largement utilisée par la psychologie allemande du début du siècle. La psychologie différentielle se propose de mesurer les individus suivant certaines dimensions. Dans la majorité des cas (et peut-être dans tous les cas), elle ne parvient en fait qu'à les ordonner. Dans les cas les plus difficiles, elle peut seulement les répartir en classes selon certains critères observables et bien définis dont l'apparition simultanée chez les mêmes individus est vérifiable statistiquement. On peut dire alors que ces classes représentent des types. On trouve chez Galton à la fois l'utilisation de mesures, d'ordinations et de typologies. Au cours des années 1920-1925, des psychologues ou psychiatres de langue allemande tels que C. G. Jung, E. R. Jaensch, E. Kretschmer proposent également des typologies qui sont fondées, au moins en principe, sur des caractères observables et qui permettent donc, toujours en principe, de différencier les individus. Mais il faut distinguer de ces types *empiriques* dont chacun se propose de décrire une catégorie d'individus, des types *idéaux* qui ont un tout autre statut. Ce sont de pures constructions qui, bien entendu, doivent quelque chose à l'expérience empirique, mais ne se proposent nullement de la représenter ; ce sont des modèles, des schémas, édifiés sur des bases rationnelles et qui ont pour seul objet de jouer le rôle d'instruments conceptuels pour aider le psychologue à « comprendre » chaque individu concret. Chacun de ces individus s'écarte nécessairement de tous les types idéaux qui peuvent être utilisés pour le comprendre. On trouve cette notion de type idéal au début du siècle chez l'un des chefs de l'école « culturelle » en psychologie, E. Spranger et aussi, dans la perspective phénoménologique, chez K. Jaspers. Ce dernier auteur, dans sa *Psychopathologie générale* souligne la distinction entre les corrélations « comprises » qui constituent la forme typique idéale, corrélations « obtenues en général par une observation pénétrante dans l'âme d'autrui » et « un genre de recherche tout aussi justifiée mais jusqu'ici stérile : la recherche statistique des rapports de corrélation entre les divers caractères, d'après le nombre de cas où ils se trouvent réunis ».

On constate ainsi qu'une notion comme celle de *type* utilisée en psychologie « différentielle » ou « individuelle » (et ces deux expressions ne sont pas toujours synonymes) peut prendre un contenu ambigu dans le champ créé par l'opposition entre les deux tendances théoriques que nous avons décrites. Mais les psychologues intéressés par la psychologie différentielle ou individuelle ont été aussi soumis à l'action de ce champ. Sous son effet, leur attitude a pu, dans le cours de leur carrière, osciller entre les deux orientations (et c'est dans une certaine mesure le cas d'A. Binet), ou bien évoluer de l'une vers l'autre (et c'est le cas de W. Stern).

A. Binet (1857-1911), qui avait succédé en 1894 à H. Beaunis à la tête du Laboratoire de Psychologie physiologique de la Sorbonne, pratiqua d'abord une psychologie « du contenu », perfectionnant notamment certaines techniques de laboratoire dans le domaine des mesures sensorielles. Il gardera toujours un goût passionné pour l'observation rigoureuse, quantifiée, de faits bien délimités et il accablera de ses sarcasmes l'attitude globaliste et le langage imprécis des pédagogues et des médecins. Mais certains aspects de ses intérêts vont le conduire à s'éloigner beaucoup, par moments, de cette première attitude et à adopter successivement des positions quelque peu contradictoires. C'est ainsi qu'il admet en 1894, dans son *Introduction à la psychologie expérimentale*, l'usage simultané de l'expérimentation rigoureuse et d'une observation définie, en termes quelque peu « phénoménologiques » comme « l'acte qui consiste à saisir un phénomène psychologique tel qu'il est, tel qu'il se présente, avec les caractères qu'il possède naturellement, et les conditions qui l'entourent ». C'est aussi contre l'adoption, par la psychologie différentielle, de la tradition « élémentiste » de la psychologie du contenu qu'il s'élève en 1896 dans son fameux article, écrit avec V. Henri sur *La psychologie individuelle.* Il recommande que l'étude différentielle des « processus supérieurs » se substitue à celle des « processus élémentaires » pratiquée notamment par Galton et Cattell et cette recommandation va être décisive dans l'évolution de la méthode des tests. Il la met en application en 1903 dans *L'étude expérimentale de l'intelligence*, ouvrage dans la préface duquel il oppose à la méthode de Wundt une méthode d'introspection minutieuse et systématique des « fonctions supérieures de l'esprit ». On sait qu'une méthode très voisine sera pratiquée indépendamment à Würzbourg par O. Külpe, dont la carrière se caractérise par une évolution de la psychologie du contenu à la psychologie de l'acte. Dans *L'étude expérimentale*, Binet utilise la notion de types (descripteur, observateur, imaginatif et poétique). Enfin, dans les publications avec T. Simon sur sa fameuse échelle de niveau intellectuel, il allie toujours à des préoccupations « métriques » très claires et cohérentes, le souci de recueillir, par des observations faites « à côté », « le spectacle si attachant d'une intelligence en activité » (1908). On retrouverait facilement ces oscillations de Binet dans son attitude à l'égard de la méthode statistique, tantôt recommandée comme « la meilleure et la plus sûre », tantôt rejetée au profit d'une étude approfondie de cas peu nombreux.

En ce qui concerne W. Stern (1871-1938), on peut parler

d'une évolution proprement dite. Stern réalise d'abord des travaux psychophysiques dans le domaine de l'audition, puis publie les ouvrages qui ont introduit l'expression même de « psychologie différentielle » : *Uber Psychologie der individuellen Differenzen (Ideen zur einer « Differentielle Psychologie »)* (1900) ; *Die differentielle Psychologie in ihren methodischen Grundlagen* (1911, 1921). C'est lui qui, en 1912, propose le fameux « quotient d'intelligence ». Mais, au moment même où paraissaient ces contributions psychométriques et où Stern fondait en Allemagne un Institut (1906) et un Journal (1907) de psychologie appliquée, paraissaient aussi ses premiers travaux philosophiques consacrés au « personnalisme critique » (1906). Cet aspect de la pensée de Stern va prendre une place croissante dans son œuvre. Il développera une psychologie personnaliste fondée sur la notion de personne considérée comme un tout orienté vers certaines fins, que l'on ne peut connaître qu'en considérant l'individu dans son milieu, dans son activité vers les fins qu'il a choisies. Toute étude « atomistique » faisant correspondre une réponse particulière à un stimulus particulier est condamnée. Nous sommes là aux antipodes d'une psychologie « du contenu », et Stern a d'ailleurs désavoué certains de ses premiers travaux, le quotient d'intelligence en particulier.

B) Le constat des différences individuelles

Les hypothèses théoriques jouent un rôle plus ou moins important, plus ou moins explicité, dans tous les travaux consacrés aux différences individuelles, et la subdivision de ce chapitre en deux parties n'est évidemment qu'une schématisation grossière. Il n'est guère contestable cependant que le développement des techniques et le développement des applications se sont souvent produits, en psychologie différentielle, sans référence directe et explicite à une quelconque théorie, sous l'effet du dynamisme propre à tout progrès technique ou sous l'effet des besoins pratiques. Il est arrivé également plusieurs fois que l'existence de différences individuelles s'impose de façon inattendue à un observateur ou un expérimentateur qui n'avait nullement l'intention de prendre ces différences pour objet d'étude.

1. *Le développement des techniques d'observation*

Les données relatives aux différences individuelles sont recueillies le plus souvent à l'aide de techniques d'observation standardisées, les tests. L'apparition de ces techniques dans les travaux de Galton et de Cattell a été mentionnée. Leur développement s'est séparé très vite de toute référence explicite à la théorie de l'évolution, et la méthode des tests a fait l'objet d'innombrables travaux particuliers ou exposés d'ensemble dont le contenu se veut purement technique et théoriquement neutre. Cette neutralité a été contestée sur deux plans.

On a pu défendre l'idée que la méthode des tests impliquait une attitude socialement conservatrice parce qu'elle attribuait un caractère non modifiable aux différences individuelles. Depuis 1930, plusieurs campagnes contre les tests ont été ainsi déclenchées en U.R.S.S. et ont suscité, notamment en France, des polémiques souvent assez vives. Cette critique des tests s'est associée à la critique de la génétique mendélienne par Lyssenko. Des critiques de contenu à peu près identique ont été formulées, indépendamment ou non, par des sociologues dont le point de vue sur les différences individuelles et leur mesure peut diverger très sensiblement du point de vue de certains psychologues (voir par exemple la controverse entre le sociologue A. H. Halsey et les psychologues C. Burt et J. Conway en 1958-1959[1]). Toutes ces critiques affirment donc que, d'un

1. On s'est aperçu, après la mort de C. Burt que certaines des prétendues observations qu'il mentionnait avaient été inventées par lui, dans un âge avancé. Ce scandale a été parfois utilisé, de façon aussi scandaleuse,

point de vue social ou sociologique, la méthode des tests ne peut éviter d'adopter une certaine orientation théorique, qu'elle ne peut rester sur le terrain neutre de la technique.

Une seconde catégorie d'arguments a été utilisée récemment. Très différents des premiers, ils soulignent l'intérêt heuristique d'une dépendance mutuelle entre les théories relatives aux différences individuelles et les techniques permettant de décrire ces différences. Par exemple, on a soutenu que la mesure de l'intelligence et la théorie de l'intelligence ne pouvaient progresser de façon indépendante : une théorie provisoire de l'intelligence permet de construire des formes provisoires de tests dont l'usage conduit à des constatations qui peuvent modifier la forme première de la théorie dont ils sont issus, et ainsi de suite. On voit qu'une telle conception s'oppose à l'isolement réciproque de la théorie et de la technique. Elle prend tout son intérêt si l'on tient compte de la stérilité des efforts qui ont été faits pour élaborer indépendamment une définition théorique des dimensions du comportement (par exemple au cours des symposia sur l'intelligence qui ont été organisés vers 1920) ou du caractère insoutenable d'un « opérationnalisme » sommaire se bornant à l'affirmation, attribuée à Binet, selon laquelle « l'intelligence, c'est ce que mesure mon test ».

Mais ces arguments contestant la possibilité ou l'intérêt d'une « métrologie psychologique » indépendante de toute hypothèse théorique ne peuvent faire oublier que c'est bien cependant dans cette perspective « a-théorique » qu'ont été développés la plupart des tests.

Les premiers auteurs de tests ont utilisé à des fins différentielles un matériel plus ou moins directement emprunté au laboratoire de psychologie expérimentale. Cette perspective, qui est celle de Cattell, est aussi, à la fin du XIXe siècle, celle de psychologues américains tels que Bolton, Jastrow,

pour jeter un discrédit sur l'ensemble des recherches relatives aux déterminants génétiques de la conduite. On pourra consulter sur la vie de Burt l'ouvrage très documenté de L. S. Hearnshaw (1981).

Gilbert, Sharp, Wissler, etc., ou, en Allemagne, celle de Munsterberg. Aux épreuves sensori-motrices et perceptives sont timidement associées quelques épreuves de lecture, de mémoire, d'arithmétique simple. Cette fidélité aux techniques et aux problèmes du laboratoire est très sensible dans l'ouvrage de E. Toulouse, N. Vaschide et H. Piéron, *Technique de psychologie expérimentale*, dont la première édition paraît en 1904. Cette *Technique*, cependant, a son origine dans les travaux de psychologie individuelle ou différentielle entrepris par Toulouse, qui se proposait d'étudier les caractéristiques de la supériorité intellectuelle sur des sujets tels que Zola ou Poincaré. Elle concerne en majeure partie l'appareillage du laboratoire de psychologie « générale ». La seconde édition, en 1911, comporte quelques épreuves s'adressant aux « processus supérieurs », mais il est très notable qu'elle ne mentionne pas l'échelle de Binet et Simon, dont les deux premières versions ont cependant paru en 1905 et 1908. On peut également relever que les auteurs déclarent dans la préface de la seconde édition : « Enfin nous avons supprimé tout ce qu'il y avait de théorique dans notre première édition. »

L'usage du coefficient de corrélation permettait d'éprouver la cohérence des différenciations établies à l'aide d'épreuves s'adressant surtout aux processus élémentaires. Il permettait également de savoir dans quelle mesure les résultats de ces épreuves se trouvaient en accord avec des critères extérieurs tels que la réussite dans les études. Ces contrôles, réalisés aux États-Unis, notamment par Wissler (1901), conduisent à mettre très sérieusement en doute l'intérêt de ce type d'épreuves.

On sait que Binet et Henri avaient affirmé, en 1895, que la variabilité interindividuelle était sûrement plus grande pour les processus supérieurs que pour les processus élémentaires (notamment sensoriels) et que l'on avait tout intérêt en psychologie « individuelle » (il faut entendre ici « différentielle ») à abandonner ceux-ci en faveur de ceux-là.

Il ne s'agissait là ni d'une constatation expérimentale précise, ni de la conclusion d'une analyse théorique, mais bien plutôt d'une intuition exacte qui pouvait avoir son origine dans les travaux expérimentaux que Binet menait depuis 1890 déjà sur certains processus supérieurs. On sait aussi que c'est un problème pratique (la désignation des enfants devant recevoir une forme spéciale d'enseignement) qui va conduire Binet et Simon à publier en 1905, 1908 et 1911, leur échelle de niveau mental, constituée d'épreuves variées, courtes, souvent voisines des situations de la vie courante. On aurait de nouveau beaucoup de peine à trouver un fondement théorique ferme à cette échelle ou à la notion d' « âge mental » qu'elle introduit en 1908. Pour Binet et Simon, l'intelligence se ramène au « jugement » en 1906, à trois éléments, la « direction », l' « adaptation » et la « critique » en 1909, à un ensemble de fonctions plus élémentaires en 1911. Non seulement ces différentes hypothèses théoriques sont peu cohérentes, mais elles restent en outre parfaitement indépendantes de la mise au point progressive de l'échelle. Le succès pratique de l'épreuve n'en est pas moins considérable. Elle est introduite aux États-Unis par H. H. Goddard en 1910. Plusieurs adaptations ou révisions paraissent par la suite dont les plus connues sont celles de L. M. Terman (1916), de L. M. Terman et M. A. Merrill (1935) et de D. Wechsler (1944, 1949), réalisées aux États-Unis, et, en France, celle de R. Zazzo, M. Gilly et M. Verba-Rad (1966).

L'échelle de Binet et Simon était une épreuve individuelle (applicable à un seul sujet à la fois), globale (ne fournissant qu'une indication unique sur chaque sujet, son niveau mental) et verbale. Des épreuves collectives, analytiques, non verbales vont apparaître.

La nécessité pratique d'examiner rapidement un grand nombre de sujets conduit en 1917 les psychologues américains sélectionnant les recrues (sous la direction de R. M. Yerkes) à utiliser des tests collectifs « papier-crayon ».

Cet usage va se répandre très largement, notamment dans les écoles.

L'intérêt d'une description analytique des individus à l'aide d'un « profil psychologique » est défendue, en 1909, en Russie, par G. Rossolimo. Le Suisse E. Claparède utilise avec succès, en 1916, pour résoudre l'aspect technique du problème, le procédé métrique proposé par Galton (« percentilage »). En France, les tests de H. et M. Piéron, publiés à partir de 1928, sont construits dans cette perspective analytique afin de répondre aux besoins pratiques d'une orientation professionnelle qui, pour ces auteurs, doit se fonder essentiellement sur le développement inégal des aptitudes chez les différents individus. Il est bien évident que ce problème de la formulation globale ou analytique des résultats d'un examen psychologique comporte aussi des aspects théoriques. Nous les aborderons à propos de l'analyse factorielle.

La distinction entre épreuves verbales (faisant appel au langage) et non verbales (ou « de performance ») comporte les mêmes aspects théoriques et d'autres aspects pratiques : nécessité d'examiner des sujets parlant des langues différentes ou handicapés au point de vue culturel. R. Pintner et D. G. Paterson proposent, en 1917, une échelle d'épreuves non verbales individuelles qui permet une estimation de l'âge mental. Les tests militaires collectifs utilisés la même année aux États-Unis comportent une version verbale (« Alpha ») et une version non verbale (« Bêta »).

Il faut également mentionner l'apparition et le développement rapide d'épreuves ne s'adressant pas aux aspects intellectuels, « cognitifs », des différences individuelles de comportement, les épreuves de personnalité. Certaines de ces épreuves sont des questionnaires dont le prototype paraît être celui que R. S. Woodworth imagina pendant la première guerre mondiale pour éliminer par un criblage grossier les recrues présentant, d'après leur propre témoignage, un nombre appréciable de symptômes psychiatriques. L'observation directe des sujets dans des situations révélatrices fut préconisée par H. Hartshorne et M. A. May vers 1930, et devait être utilisée pendant la seconde guerre mondiale. C'est vers 1930 que les problèmes de la personnalité prennent une place considérable en psychologie. G. W. Allport en 1937 et H. A. Murray en 1938 publient des ouvrages qui sont restés classiques. Cet intérêt est lié sans doute aux développements des applications cliniques de la psychologie, au succès de la psychanalyse, à l'importance accordée aux facteurs culturels sur le comportement individuel (M. Mead publie, en 1935, ses études interculturelles). Dans ce climat, les épreuves de personnalité prennent une importance considérable, notamment les épreuves « projectives » dans lesquelles le sujet est amené à interpréter un matériel peu structuré ou ambigu (H. Rorschach, 1921 ; H. A. Murray, 1935). Certains travaux sur la structure de la personnalité utilisent des techniques, notamment des questionnaires, permettant une étude statistique explicite des différences individuelles par l'analyse factorielle (R. B. Cattell, 1946, 1957 ; H. J. Eysenck, 1947, 1953). D'autres épreuves de personnalité, notamment les épreuves projectives, ne se rattachent guère, en général, à la tradition de la « psychologie du contenu ». Elles visent le plus souvent une connaissance approfondie et en partie intuitive d'individus particuliers plutôt qu'une comparaison systématique et contrôlable entre individus. Elles ne concernent la psychologie différentielle que dans la mesure où elles ont fait l'objet d'une normalisation suffisamment précise pour permettre de telles comparaisons, ce qui est le cas pour certaines d'entre elles.

2. *Le développement des techniques statistiques*

La nature des problèmes que se posait la psychologie différentielle contraignait celle-ci à utiliser des méthodes statistiques de traitement : le degré de développement d'un caractère individuel ne pouvait être apprécié que par rapport au développement moyen de ce caractère dans la population considérée ; le degré d'association entre deux caractères ne pouvait être apprécié qu'en utilisant une série nombreuse de mesures de ces deux caractères effectuées sur les mêmes individus.

Aussi les techniques de « mesure » (en prenant ce mot dans le sens le plus large), susceptibles de fournir des observations pouvant être traitées statistiquement se développèrent-elles largement en psychologie différentielle. Les progrès ont porté essentiellement sur l'analyse et la formulation explicite des postulats sur lesquels cette « mesure » reposait. En effet, les observations pratiquées en psychologie permettent au plus une *ordination* des sujets, alors que les techniques statistiques que le psychologue souhaite employer exigent souvent qu'une métrique véritable soit définie (ou au moins une échelle sur laquelle on puisse définir expérimentalement l'égalité de deux intervalles). La formulation du problème en ces termes est récente, bien que le problème lui-même se soit posé dès l'origine de la psychologie différentielle. Nous avons signalé comment Galton l'avait résolu en 1869 : en affirmant, après Quetelet, que les mesures psychologiques se distribuaient suivant la loi normale de Laplace et Gauss. Mais cette affirmation avait pour lui la valeur d'une constatation, non d'un postulat. Le problème logique n'est pas mieux défini par Claparède lorsqu'il propose en 1916, se référant à Galton, de constituer une échelle en dix classes ordonnées comptant toutes le même effectif : il considère qu'il reste au niveau de l'ordination des sujets, et non qu'il impose une forme rectangulaire à la distribution hypothétique à laquelle Galton avait imposé, de façon aussi légitimement arbitraire, une forme normale. Binet, de son côté, avait clairement aperçu, dès 1898, la différence entre « classement » et mesure, mais ne s'y était pas arrêté, affirmant en 1905 que « pour les besoins de la pratique, ce classement équivaut à une mesure ». Le problème n'est pas évoqué dans la *Technique de psychologie expérimentale* de Toulouse, Vaschide et Piéron (1904, 1911). Il faudra attendre beaucoup plus tard pour qu'une formulation générale du problème soit clairement élaborée. C'est en 1946 que S. S. Stevens définit quatre niveaux de « mesure » psychologique, suivant la puissance des axiomes utilisés : échelles nominales, ordinales, d'intervalles et de rapports. Du point de vue épistémologique, cette formulation se rattache au mouvement *Science of science*, dont les origines sont à rechercher à la fois dans l'opérationnisme et dans le néo-positivisme de l'École de Vienne. Elle est utilisée davantage dans le domaine de la psychophysique (auquel Stevens contribue largement par ailleurs) que dans celui des différences individuelles. Cependant, les méthodes utilisées pour traiter ces mesures tendent plus souvent à tenir compte des propriétés limitées dont jouissent les nombres du psychologue.

Dans l'histoire de ces méthodes de traitement statistique, le Laboratoire d'Eugénique fondé à Londres, à University College, grâce à un legs de F. Galton (laboratoire qui fusionne en 1911 avec le Laboratoire de Biométrie que Pearson dirigeait depuis 1901), joue un grand rôle. Il eut notamment pour directeurs K. Pearson (1857-1936) et R. Fisher (1890-1962).

Le nom de Pearson est resté légitimement attaché au coefficient de corrélation, bien qu'il en ait emprunté l'idée à Galton et qu'il ait utilisé, pour l'élaborer mathématiquement, des théorèmes largement antérieurs du Français A. Bravais (1846). Des travaux importants sur la théorie de la corrélation et sur l'analyse des corrélations observées entre une série de variables sont réalisés d'abord par Pearson et ses élèves, tels Y. Edgeworth et W. R. Mac Donell, dans les dernières années du XIXe siècle. Bien que l'analyse des corrélations ait été appliquée d'abord à un problème anthropométrique (l'identification des criminels), c'est en psychologie différentielle que l'usage de cette méthode (analyse factorielle) va se développer de façon considérable, surtout pendant la période comprise entre les deux guerres mondiales, grâce notamment aux travaux de C. Spearman (*The abilities of man, their nature and measurement*, 1927), G. Thomson (*The factorial analysis of human ability*, 1939) et C. Burt (*The factors of the mind*, 1940) en Grande-Bretagne ; à ceux de L. L. Thurstone (*The vectors of mind*, 1935) aux États-Unis. Il est impossible de retracer ici l'historique de ces travaux et des controverses qu'ils ont suscitées. On peut cependant noter qu'une conception nominaliste et une conception réaliste des « facteurs » psychologiques se sont opposées. La question est de savoir s'il suffit d'avoir constaté que plusieurs caractéristiques individuelles sont statistiquement associées pour pouvoir dire que l'on a découvert la « cause » de ces variations simultanées. Il faudrait sans doute rattacher cette question à la position épistémologique de K. Pearson lui-même qui, dans sa *Grammar of Science*, avait adopté le positivisme scientifique de E. Mach : la « causalité » est entièrement définie par la concomitance observable. Spearman et Thurstone ont, dans ce débat, une attitude plutôt « réaliste », formulant des hypothèses physiologiques (énergie nerveuse) ou psychologiques (aptitudes innées) sur la nature des causes qui font que la réussite dans certaines tâches tend à s'observer plus souvent chez les individus qui réussissent aussi dans certaines autres tâches. Thomson ou Burt adoptent une attitude plutôt nominaliste. Les controverses, parfois fort animées, portent non seulement sur l'adoption de l'une ou l'autre de ces attitudes, mais aussi sur la forme devant être donnée à la solution du problème posé par l'analyse factorielle : un seul facteur « général » (Spearman), une « hiérarchie » de facteurs (Burt, Holzinger), une pluralité de facteurs de même niveau (Thurstone). L'équivalence de ces différentes formes n'est mise en évidence que tardivement, les premières controverses à ce sujet prétendant avoir un caractère théorique. Dans ses débuts, l'analyse factorielle a largement contribué à l'abandon définitif de la théorie des facultés : les catégories d'activités dont elle établissait empiriquement la cohérence n'ont jamais correspondu à celles qui étaient invoquées par cette théorie, et Spearman souligne le fait. Les psychologues « factorialistes » gardent pendant un temps l'ambition de découvrir empiriquement la structure effective des aptitudes humaines en une seule analyse, et une « expérience mammouth » (selon l'expression de Spearman) est même organisée à cette fin, en 1931, par un comité de psychologues comprenant notamment Holzinger et Spearman *(Unitary Trait Commitee)*. Cette expérience cruciale n'aboutit pas. L'école « multi-factorielle » de Thurstone s'efforce dans ses premiers travaux de couvrir par des analyses uniques l'ensemble du domaine intellectuel (*Primary mental abilities*, 1938 ; *Factorial studies of intelligence*, 1941). Mais bientôt les ambitions de chaque analyse sont plus limitées, visant seulement à décrire l'organisation d'un domaine restreint. Les essais de synthèse, tentés notamment par R. B. Cattell et J. P. Guilford aux États-Unis ou par P. E. Vernon en Angleterre, constituent des travaux de seconde main dont l'issue ne remet pas en cause les constats établis par les analyses expérimentales elles-mêmes. L'évolution de l'analyse factorielle illustre donc bien l'affaiblissement du rôle joué par les théories, surtout par les théories à champ large, dans le domaine de la psychologie différentielle.

Cette évolution, nous l'avons vu, avait eu son origine dans les travaux de mathématiciens comme Pearson et ses élèves. Mais la plupart des méthodes d'analyse factorielle proposées ultérieurement ont été conçues et employées par des psychologues, non par des mathématiciens. Ceux-ci ont manifesté en général certaines réticences à l'égard de ces méthodes. Ils ont établi d'autres méthodes d'analyse factorielle, mieux fondées mathématiquement (H. Hotelling, 1933 ; P. Delaporte, 1939 ; D. N. Lawley, 1943 ; C. R. Rao, 1955), mais aucune n'a été utilisée aussi largement que celles de Burt ou de Thurstone. De façon plus générale, d'autres méthodes d'analyse portant sur des variables multiples et utilisant la statistique mathématique ont été élaborées. Bien que plusieurs d'entre elles répondent à des problèmes pouvant concerner la psychologie différentielle, aucune n'a connu dans notre domaine la fortune de l'analyse factorielle « classique ». Beaucoup d'entre elles sont dues aux travaux effectués ou inspirés par le successeur de K. Pearson, R. Fisher, qui devient « Galton Professor » d'Eugénique à University College à Londres, en 1933, après avoir dirigé depuis 1919 la section statistique d'une station agronomique expérimentale à Rothamsted, et dont les deux ouvrages essentiels sont : *Statistical methods for research workers* (1925) et *The design of experiments* (1935).

Sous l'impulsion de Fisher (et aussi, aux États-Unis, sous l'impulsion d'Hotelling) se développèrent alors des méthodes de statistiques mathématiques beaucoup plus rigoureuses que celles qui, à la même époque, connaissaient les faveurs des psychologues. Elles étaient plus rigoureuses notamment en ce sens que les distributions théoriques des estimations qu'elles fournissaient étaient connues, alors que les distributions théoriques des estimations fournies par l'analyse factorielle « classique » restaient indéterminées. C'est ainsi que Fisher (avec un statisticien connu sous le pseudonyme de Student) fournit une épreuve pour déterminer la signification d'une différence entre deux moyennes estimées pour une même variable sur de petits échantillons (t de Student-Fisher) et qu'il introduisit les notions de « signification », de « limites de confiance » précisant ainsi théoriquement et techniquement la comparaison d'une différence de moyennes à son erreur probable en vue de déterminer la « certitude » de cette différence, qu'utilisait déjà C. Wissler en 1901, à propos de tests physiques et mentaux. Avec l'analyse de la variance, Fisher permettait de comparer (toujours sur une seule variable) non plus seulement les moyennes de deux échantillons, mais de plusieurs. Ces méthodes furent généralisées pour plusieurs variables. Si l'on dispose de plusieurs mesures effectuées sur tous les individus de deux groupes, on peut se demander si cet ensemble de mesures permet de différencier les deux groupes. C'est un problème pour lequel K. Pearson avait proposé un « coefficient de similarité raciale ». En 1931, Hotelling généralisa le *t* de Student-Fisher au cas de plusieurs variables, et offrit ainsi pour ce problème une solution mathématiquement mieux fondée (T de Hotelling). Si les deux groupes d'individus sont distincts, on peut utiliser une fonction convenablement choisie (fonction « discriminante ») de l'ensemble des mesures pour classer un individu donné dans l'un ou l'autre de ces groupes (R. Fisher, 1936 ; P. C. Mahalanobis, 1936 ; C. R. Rao, 1946, 1948). Ces développements de l' « analyse multivariée » peuvent s'étendre au cas où plusieurs groupes sont comparés. Il s'agit alors d'une analyse de la variance généralisée (S. S. Wilks, 1932 ; S. N. Roy, R. Fisher, P. L. Hsü, 1939, etc.).

Il suffit d'énumérer ces méthodes pour constater qu'elles paraissent correspondre à des problèmes se posant manifestement en psychologie différentielle. Les plus simples d'entre elles (celles qui ne portent que sur une seule variable) ont effectivement été employées très largement, comme le *t* de Student-Fisher, ou assez largement comme l'analyse de la variance (qui paraît avoir été introduite en psychologie par R. S. Crutchfield aux États-Unis en 1938). Mais les méthodes multivariées n'ont été employées qu'exceptionnellement en psychologie (discrimination sur la base de plusieurs tests de différents groupes de malades ou de jeunes gens ayant reçu des orientations scolaires ou professionnelles différentes). Peut-être répondaient-elles moins directement que les méthodes de corrélation à la formulation des problèmes de psychologie différentielle. Les corrélations, l'analyse factorielle, s'adaptent bien à la mise en évidence de supériorités (ou infériorités) stables, se manifestant toujours chez un individu donné et lui assignant un rang relativement stable dans le groupe auquel il appartient. Les méthodes plus récentes de statistique mathématique comparent essentiellement des groupes, sans identifier chaque individu par sa place au sein du groupe. Elles s'appliquent plus naturellement à des situations dans lesquelles des échantillons d'individus sont soumis à des traitements différents. Elles permettent mieux de répondre à des questions relatives à l'effet de ces traitements ou conditions de milieu qu'au degré de stabilité d'une supériorité ou infériorité individuelle observée dans des conditions différentes. En fait, les deux catégories de méthodes répondent à deux types différents de problèmes.

3. *Le développement des applications*

L'école paraît avoir constitué le premier terrain d'application de la psychologie différentielle. Le psychologue s'est d'abord introduit à l'école pour y pratiquer des examens destinés à fournir des données à ses recherches ou des illustrations à son enseignement. C'est bien ce que font notamment, dans la dernière décennie du XIXe siècle, L. Witmer, un élève de Wundt, à l'Université de Pennsylvanie, aux États-Unis ; J. Sully, J. Mitchell, W. McDougall à Londres, à la suite de Galton ; A. Binet et ses collaborateurs à Paris. Ces psychologues vont ainsi être amenés à tenter d'apporter une contribution à la résolution de problèmes éducatifs pratiques individuels (élèves rencontrant des difficultés anormales à suivre l'enseignement) ou collectifs (nécessité de scolariser tous les enfants jusqu'à un certain âge, par suite de l'institution de la scolarité obligatoire).

C'est le cas d'un enfant incapable d'apprendre l'orthographe qui donne à Witmer l'idée de fonder, en 1896, sa *Psychological Clinic*. Il procède par examen individuel utilisant largement les méthodes du laboratoire de Wundt. Son influence restera faible par rapport à celle que vont exercer les psychologues cliniciens, s'inspirant d'une psychologie dynamique empruntée d'abord à l'École pathologique française, puis à la psychanalyse. Cette influence de l'École française s'exerce notamment, par W. James, sur un psychiatre, W. Healy, qui fonde en 1909, à Chicago, une institution consacrée aux jeunes délinquants, *The Juvenile Psychopathic Institute*. En Angleterre, les travaux inspirés par les intérêts surtout statistiques de Galton prennent rapidement une orientation plus « dynamique » sous l'influence notamment de McDougall, grand admirateur de W. James et pouvant être rattaché à la tradition de la « psychologie de l'acte ». Mais l'influence de Galton reste perceptible dans l'insistance des premiers applicateurs anglais de la psychologie à soutenir l'idée que le passage du normal à l'anormal se fait sans solution de continuité (idée cohérente avec le postulat statistique d'une distribution continue des capacités individuelles) et dans l'intérêt qu'ils accordent aux enquêtes à large échelle destinées à fournir des normes de développement ou à estimer le nombre d'élèves exigeant une forme spéciale d'éducation. La scolarité était, en effet, obligatoire en Angleterre depuis 1876. Le même problème pratique, on le sait, fournissait à Binet, en 1904, l'occasion de donner leur forme définitive à ses études sur la mesure de l'intelligence. Mais les intérêts de Binet, à l'égard des applications de la psychologie différentielle, étaient plus anciens et plus larges. Ils portaient notamment sur les problèmes posés par le diagnostic psychiatrique.

La psychiatrie constitue, en effet, un autre domaine dans lequel la psychologie différentielle a été appliquée. Dans ce domaine, c'est un autre élève de Wundt, le psychiatre allemand E. Kraepelin, qui paraît avoir ouvert la voie. Dès 1889, un élève de Kraepelin, A. Œhrn, publie des travaux utilisant des tests mentaux. C'est aussi à cette époque que commence à fonctionner aux États-Unis, à McLean Hospital, à Waverly (Mass.), un laboratoire de recherches comprenant un secteur de psychologie physiologique. Un élève de Wundt et de Kraepelin, A. Hoch, y travaille à partir de 1893. Dans cette même institution, un laboratoire de psychologie est ouvert en 1904 et un examen psychologique systématique y est pratiqué en 1907 sur tous les nouveaux malades. C'est un peu plus tôt que s'ouvre, en France, le premier laboratoire de psychologie créé dans un hôpital psychiatrique : il s'agit du laboratoire de psychologie expérimentale que l'École pratique des Hautes Études confie, en 1900, au psychiatre E. Toulouse à l'asile de Villejuif. C'est là que va être rédigée la *Technique de psychologie expérimentale* de Toulouse, Vaschide et Piéron (1904), et cet ouvrage témoigne de l'orientation « différentielle » du laboratoire.

En 1905, de façon tout à fait indépendante, Binet va commencer à publier ses travaux sur l'Échelle mentale conçue comme une « méthode nouvelle pour le diagnostic du niveau intellectuel des anormaux ». Il critique durement, à cette occasion, le vague des méthodes, du vocabulaire, des idées des aliénistes et se propose de leur fournir le moyen d'établir « un diagnostic scientifique des états inférieurs de l'intelligence ». L'apport essentiel de la psychologie différentielle à la psychiatrie devait rester limité pendant longtemps à ce domaine de la débilité mentale. Il a été élargi dans deux directions très différentes. A partir de 1930, l'usage des épreuves « projectives » (notamment du test de taches d'encre de Rorschach) s'est largement répandu en psychiatrie, bien que le contrôle de la valeur des indications qu'elles fournissent se soit souvent révélé décevant. A partir de 1940, les travaux de style expérimental et statistique ont connu un nouvel essor : analyse factorielle de la personnalité réalisée sur des normaux et sur différentes catégories de malades, étude des structures de résultats de tests caractérisant une maladie mentale donnée *(scatter)*, application des fonctions discriminantes de Fisher à la différenciation des types de malades mentaux à partir de leurs résultats dans les tests.

Les applications de la psychologie différentielle aux problèmes professionnels (orientation et sélection) datent de la première décennie du XXe siècle. Elles sont restées plus proches d'une psychologie « du contenu », visant à déterminer expérimentalement et analytiquement les aptitudes nécessaires à l'exercice de chaque profession. Deux élèves de Wundt ont joué un rôle important dans ce domaine : Cattell aux États-Unis (où il fonde la *Psychological Corporation*) et H. Munsterberg, en Allemagne et aux États-Unis. En France, l'influence de Wundt n'est pas aussi directe, mais les premières applications dans ce domaine vont utiliser la *Technique de psychologie expérimentale* de Toulouse, Vaschide et Piéron, qui est essentiellement consacrée au matériel du laboratoire de psychologie. Aux États-Unis, la psychologie industrielle nouvelle se trouve associée au développement du taylorisme. F. W. Taylor rapporte, en 1911, un exemple de sélection de vérificatrices de billes à l'aide d'une épreuve de temps de réaction empruntée au laboratoire. La perspective scientifique et sociale est très différente en France. La psychologie du travail, introduite par J. M. Lahy, est associée à la physiologie du travail, notamment aux études physiologiques sur la fatigue (Imbert, etc.). La rationalisation de certains postes de travail, de certains outils, est réalisée longtemps avant les développements contemporains de l'ergonomie. Les hommes qui sont à l'origine des développements de cette science physiologique et psychologique du travail n'hésitent pas à voir en elle le moyen de trouver des solutions rationnelles, objectives, aux conflits sociaux. C'est une idée que l'on trouve sous la plume de Imbert et sous celle d'E. Toulouse et de ses deux collaborateurs successifs, H. Piéron et J. M. Lahy. C'est Toulouse qui formule, notamment en 1906, le principe suivant lequel un laboratoire du travail devrait jouer un rôle d'expert en cas de grève et qu'il pourrait, « par l'application des méthodes d'examen psychologique et physiologique, déterminer les aptitudes nécessaires pour chaque profession et celles présentées par le postulant ». Binet fait sienne cette idée lorsqu'il annonce, en 1908, que *L'Année psychologique* serait surtout orientée vers des questions pratiques et sociales : « Nous envisagerons en particulier, écrit-il, les aptitudes des enfants relativement aux métiers qu'ils se destinent à exercer, et, d'accord avec notre collaborateur le Pr Imbert, nous pensons que, dans ce domaine, on peut faire beaucoup pour améliorer les rapports des ouvriers et des patrons, et pour aider à la solution de la question ouvrière, en avertissant les enfants, dès l'école, des professions pour lesquelles ils sont le plus aptes, et en diminuant ainsi, par cette prophylaxie professionnelle, le nombre des sujets mal adaptés, qui deviennent nécessairement des déclassés, des malheureux ou des insurgés. » On sait que les développements de l'orientation professionnelle en France, sous l'impulsion de H. Piéron, se sont d'abord réalisés dans cette perspective, n'évoluant que plus tard vers une conception plus clinique et plus éducative. Les psychologues du travail n'ont pas conservé l'ambition de jouer le rôle d'arbitres objectifs des conflits sociaux. Dans celles de leurs activités qui continuent à relever de la psychologie différentielle, certains sont restés plus fidèles que d'autres catégories d'applicateurs à une méthode d'examen rigoureusement standardisée et permettant un pronostic de réussite statistiquement fondé. D'autres ont accueilli avec faveur, depuis 1930, des procédures d'examen beaucoup moins contrôlables, visant une investigation de la personnalité profonde.

Les applications militaires de la psychologie différentielle sont liées aux développements de ses applications industrielles. La constitution du corps expéditionnaire américain de 1917 ne représentait qu'une gigantesque opération de sélection et d'orientation, et l'incidence de cette opération sur l'évolution des tests a été déjà mentionnée. On retrouve ce même type d'application au cours de la seconde guerre mondiale, mais les techniques mises en œuvre pour sélectionner les officiers et différentes catégories de spécialistes sont alors beaucoup plus complexes et diversifiées, tant en ce qui concerne les épreuves elles-mêmes que les méthodes d'élaboration statistique de leurs résultats. Pour certains de ces examens de sélection, les épreuves de personnalité ou de comportement au sein de groupes ont reçu un développement considérable. Dans plusieurs pays, un examen par tests fait maintenant partie de la procédure régulière d'incorporation des jeunes soldats.

4. *Le fait des différences individuelles*

L'existence de différences individuelles s'est souvent imposée comme un fait au cours de travaux qui ne visaient en rien leur étude. Leur apparition est alors aussi étrangère que possible à toute perspective théorique préalable.

L'apparition de différences individuelles a parfois suscité un courant de recherches ou d'hypothèses. Ce fut le cas pour la fameuse « équation personnelle des astronomes », problème que F. W. Bessel souleva en 1822, en constatant la relative stabilité des erreurs de lecture commises par chaque astronome. Mais les développements qui en résultèrent se produisirent dans le domaine de la nouvelle psychologie expérimentale « générale » et ne hâtèrent pas l'apparition d'une psychologie différentielle. Un autre exemple peut être trouvé dans l'observation, par I. P. Pavlov, de différences individuelles importantes chez les chiens qui lui servaient de sujets d'expérience. On sait qu'il édifia, à partir de ces observations, une typologie de l'activité nerveuse supérieure, partie de son œuvre qui ne paraît pas avoir suscité autant de travaux ultérieurs que ses recherches concernant les lois générales du conditionnement.

Mais l'attitude la plus fréquente du psychologue expérimentateur qui se heurte au fait des différences individuelles est de les considérer comme une perturbation fâcheuse introduite dans les observations, perturbation aléatoire qui ne mérite guère d'intérêt en elle-même et qui peut seulement contraindre l'expérimentateur à abandonner les domaines où elle se manifeste. Il faut peut-être rattacher cette réaction à la philosophie empiriste sur laquelle la psychologie expérimentale s'est d'abord fondée. C'est ainsi que H. Helmholtz, après avoir mesuré la vitesse de conduction de l'influx nerveux, abandonne l'étude des « temps de réaction » correspondant à la mise en jeu du circuit complet de la stimulation à la réaction parce que ces temps variaient trop à son gré avec les circonstances et les individus. Le même désintérêt se manifeste chez Wundt à l'égard des recherches différentielles de Cattell, chez Titchener à l'égard de la distinction établie par Baldwin entre les types « moteur » et « sensoriel ».

Le degré extrême de l'attitude consiste à ne pas remarquer les différences individuelles importantes et stables que révèlent cependant les données recueillies. Le plus bel exemple est sans doute ici celui qu'offre E. Weber en publiant, vers 1830, ses résultats qui établissaient la constance du rapport entre la plus petite différence de poids perceptible et la grandeur du poids étalon. Si ce rapport restait effectivement à peu près le même pour un individu donné lorsque les poids devenaient huit fois plus légers, il variait systématiquement d'un individu à l'autre dans des proportions pouvant aller du simple au triple. Ces différences considérables et remarquablement stables pour des expériences successives n'éveillent aucun intérêt chez Weber. Elles avaient été cependant signalées déjà par Bouguer lorsqu'il avait établi la même loi dans le domaine de la perception visuelle, quelque soixante-dix ans plus tôt.

CHAPITRE II

Les méthodes de la psychologie différentielle

La méthode des tests constitue l'instrument essentiel de la psychologie différentielle classique. Les travaux consacrés à la construction et à l'étude des tests ont été et sont encore extrêmement nombreux et l'on se bornera sur ce point à quelques indications schématiques.

Les remarques suivantes, faites à propos des tests, s'appliquent en général à tous les caractères observés ou mesurés en psychologie différentielle.

1. *Le degré d'objectivité des observations*

Il est indispensable que le résultat d'un test ne dépende pas du psychologue qui l'utilise. C'est la raison pour laquelle les tests constituent des techniques d'observation qui sont normalisées, souvent de façon rigoureuse. Le matériel employé est défini de façon précise. La procédure d'application est strictement fixée : tout ce que doit faire ou dire l'applicateur est défini à l'avance sans ambiguïté (« consignes » d'application). La façon de noter les résultats ne laisse pas de place à une appréciation personnelle de l'observateur : on peut mesurer le temps nécessaire pour accomplir une certaine tâche ou le rendement matériel du sujet dans un temps donné, on peut constater qu'il a choisi telle réponse parmi celles qui lui étaient proposées.

Tel est du moins l'idéal que se propose d'atteindre la méthode des tests dans sa conception la plus stricte. On a, bien entendu, souligné les inconvénients et les limites d'une méthode d'observation visant à une telle rigueur formelle : un cadre aussi rigide risquerait de susciter des réponses qui ne représenteraient pas le comportement habituel du sujet examiné, des observations parcellaires arbitrairement séparées de leur contexte pourraient suggérer de fausses interprétations, aucune information ne serait fournie sur les procédés mis en œuvre par chaque sujet pour résoudre les tâches qui lui sont ainsi présentées et la normalisation matérielle des épreuves n'impliquerait nullement l'identité de ces procédés.

Ces critiques classiques ne sont que partiellement fondées. Dans la mesure où elles le sont, elles n'atteignent qu'un emploi abusif de la méthode des tests dont on ne doit jamais oublier qu'elle ne fournit que des constats dont l'interprétation exige autant de sens critique et d'informations complémentaires que l'interprétation des résultats fournis par toute autre méthode d'observation.

De telles critiques ne peuvent, en aucune façon, mettre en cause la nécessité absolue d'une observation objective en psychologie, cette objectivité devant être contrôlable par une technique expérimentale définie. La rigueur de la méthode des tests se justifie aisément, malgré les limitations qu'elle apporte à l'observation, lorsqu'on compare par exemple cette méthode aux procédures d'observation et d'appréciation utilisées habituellement par les enseignants. De nombreuses expériences ont, en effet, montré que le même devoir ou la même interrogation orale reçoit en général de la part de deux professeurs différents deux notes différentes[1]. On constate également d'importantes diver-

1. PIÉRON (H.), *Examens et docimologie*, Paris, Presses Universitaires de France, 1963 ; BACHER (F.), La docimologie, *in* M. Reuchlin (éd.), *Traité de Psychologie appliquée*, vol. VI, Paris, P.U.F., 1973.

gences entre des observateurs à qui l'on demande de relever et d'apprécier le comportement d'un sujet au cours d'un test individuel, dès que ces observateurs ne sont plus astreints à respecter strictement les procédés habituels de notation. Il est clair qu'une psychologie différentielle scientifique ne peut être fondée sur des observations variant trop largement d'un observateur à un autre, même si la pratique de la pédagogie ou celle de la psychologie impliquent dans certains de leurs moments une attitude subjective.

Les divergences entre observateurs peuvent être considérées comme une erreur venant s'ajouter à la valeur vraie de l'observation. Cette formulation, que la psychologie emprunte aux sciences physiques, peut s'appliquer à d'autres facteurs d'erreur susceptibles d'entacher les résultats de tests. L'étude de ces facteurs constitue l'étude de la *fidélité* d'un test. De façon générale, un test sera d'autant plus fidèle qu'il sera moins affecté par les facteurs d'erreur. Mais la définition de l'erreur peut inclure des sources de variation différentes et plus ou moins nombreuses.

Dans la perspective classique, on suppose en général que le test mesure une caractéristique individuelle stable, conditionnant la réussite dans une certaine catégorie de tâches. On est alors amené à considérer comme des erreurs les variations observées lorsqu'on applique deux fois successivement le même test aux mêmes sujets, et cette méthode (« test-retest ») permet une estimation de la fidélité. On est également amené à considérer comme des erreurs les variations que l'on observe lorsqu'on examine les mêmes sujets à l'aide d'épreuves composées de questions de même type (« formes équivalentes »), ou lorsqu'on compare les résultats obtenus par ces sujets dans deux séries de questions extraites du même test (« consistance interne »). Mais on comprend que ces sources de variation ne constituent des « erreurs » que dans la mesure où l'on accepte le postulat que nous avons d'abord rappelé, relatif à la stabilité et à la généralité des caractéristiques psychologiques individuelles.

Dans les travaux plus récents, où l'on a tendance de façon générale à être plus économe en matière d'hypothèses, il est moins fréquent que l'on adopte ce postulat. L'évolution au cours du temps, les variations associées à des questions différentes, deviennent alors des sources de variation dont on fait l'étude expérimentale. L' « erreur » se limite dans ce cas aux fluctuations aléatoires résiduelles dont ne peuvent rendre compte aucune des sources de variation contrôlées au cours de l'expérience. On voit que le contenu de l'erreur et son importance ne résultent ici que du choix qu'a fait l'expérimentateur en décidant de contrôler ou non telle ou telle source de variation. Elle devient relative à ce choix, relative à la forme de l'expérience par laquelle on la détermine. Elle cesse d'être un écart absolu à une valeur stable, inscrite dans la constitution même de l'individu observé.

Par voie de conséquence, la fidélité d'un test a cessé d'être une caractéristique stable de ce test, se manifestant au même degré chaque fois qu'il est employé.

Cette évolution des idées relatives à la fidélité des tests est importante. Elle est liée à l'évolution des méthodes statistiques : le modèle de l'analyse de la variance a été utilisé par L. J. Cronbach pour formaliser de façon cohérente les diverses conceptions anciennes de la fidélité (« généralisabilité »).

2. *Des observations à la « mesure »*

Les tests sont le plus souvent construits de façon telle que les observations qu'ils permettent de recueillir s'expriment sous une forme numérique : nombre de réponses exactes, nombre de « fautes », temps nécessaire à l'accomplissement d'une certaine tâche, quantité de travail effectué en un temps donné, etc. Cela est particulièrement vrai pour les épreuves psychomotrices, les épreuves d'intelligence ou d'aptitudes, pour les questionnaires d'intérêts ou de personnalité. Il n'en est pas nécessairement de même pour les épreuves se réclamant d'une psychologie dynamique, comme le font souvent les épreuves de projection. On peut cependant, même dans ces épreuves, définir des catégories de réponses, décompter le nombre des réponses observées pour chaque catégorie dans le protocole d'un examen individuel, et interpréter ce décompte individuel par référence à des statistiques portant sur un groupe.

Le problème de savoir quel est le statut logique des nombres ainsi obtenus, et par conséquent quels traitements leur sont applicables, ne se pose guère dans la conception la plus stricte et la plus traditionnelle de la méthode des tests. Dans cette conception, chaque test « mesure » une caractéristique individuelle dont on postule depuis Quetelet et Galton qu'elle se distribue normalement, par analogie avec la distribution des tailles. Ce postulat fournit un critère formel, permettant de savoir si les différents degrés de réussite qui peuvent être atteints dans le test sont correctement espacés : s'il en est ainsi, on devra constater que les degrés de réussite très inférieurs ou très supérieurs ne sont observés que chez un petit nombre d'individus, alors que les degrés de réussite situés au centre de l'échelle sont plus fréquemment observés. Une telle distribution, proche de la distribution normale de Laplace et Gauss, est recherchée par le psychologue qui construit un test. La difficulté des questions, les modalités de notation. sont modifiées jusqu'à ce que cette distribution soit obtenue. La distribution normale des résultats d'un test permet de supposer, dans cette perspective, que le test mesure de façon formellement correcte une caractéristique psychologique (intelligence, aptitude). Dès lors, les notes qu'il fournit sont pratiquement traitées comme le seraient des mesures effectuées sur une grandeur pour laquelle on disposerait d'une unité permettant de comparer les intervalles séparant ces mesures. C'est ainsi que l'on opère sur ces notes des sommes (en particulier pour calculer une note moyenne), ou des différences (pour calculer, par exemple, des écarts à la moyenne, à partir desquels on détermine l'écart type des résultats observés dans un test ou la corrélation pearsonienne entre deux tests).

Une façon plus moderne de poser le problème de la métrique utilisée par la méthode des tests consiste à fonder seulement cette métrique sur la simple ordination des observations, en réalisant ainsi de nouveau l'économie d'un postulat : celui qui concerne la réalité de la distribution normale du caractère défini par le test. Cette économie de postulats constitue, nous l'avons vu, une tendance générale en psychologie différentielle, tendance qui est ici renforcée par les difficultés que rencontre l'hypothèse d'une distribution *réellement* normale des caractéristiques individuelles : même pour des caractères anthropométriques mesurables par des grandeurs fondamentales, la distribution normale se rencontre dans la nature plus rarement que ne le pensaient Quetelet, Galton et Pearson ; la forme des distributions est de toute façon relative à la population considérée ; en psychologie, elle est relative en outre à la technique de « mesure » qui a été choisie, c'est-à-dire à la nature des épreuves et à la façon de les noter.

On pourrait dire de la distribution normale des caractères psychologiques qu'elle a cessé d'être un axiome au sens ancien du mot, ce qu'elle était à l'époque où il semblait évident, bien qu'indémontrable, que les caractères psychologiques se distribuent comme le faisaient les caractères physiques. Elle est devenue un axiome au sens moderne, c'est-à-dire une proposition première dont on convient de ne pas rechercher la démonstration, mais dont on examine seulement les déductions qui peuvent en être tirées : ici une métrique établie à partir d'une simple ordination.

L'ordination des sujets d'après le temps d'exécution d'une tâche donnée ou le rendement obtenu en un temps donné ne pose, en général, aucun problème théorique. Ordonner des sujets d'après le nombre des réponses exactes qu'ils ont fournies en temps libre à une série de questions constitue cependant une opération qui appelle une justification théorique.

La position du problème qui paraît la plus satisfaisante consiste à exiger que la succession des questions présentées au sujet constitue une hiérarchie au sens de Guttman. Elles doivent alors satisfaire à deux conditions : 1) être présentées par ordre de difficulté croissante (cette difficulté étant estimée par la proportion des succès dans la population) ; 2) les sujets réussissant à répondre à une question de difficulté p doivent se recruter tous parmi les sujets ayant répondu correctement à la question de difficulté immédiatement inférieure. Des observations de cette forme sont, en effet, compatibles avec l'hypothèse selon laquelle l'apparition des réponses exactes est placée sous la dépendance d'un caractère psychologique unique présent à des degrés différents chez des individus différents. Ces degrés dans le caractère sont repérables par le degré de difficulté des questions auxquelles chaque individu parvient à répondre de façon exacte. La somme des réponses exactes est ici identique au rang de la dernière question à laquelle le sujet a répondu exactement.

Mais cette présentation hiérarchique des questions d'un test, préconisée notamment par J. Lœvinger, n'est en fait réalisée que très rarement[1]. Il est beaucoup plus fréquent de composer un test avec des questions de difficultés différentes dont l'homogénéité est admise à partir du matériel qu'elles mettent en œuvre. On admet implicitement dans ces cas un modèle moins strict que le modèle hiérarchique de Guttman, et qui se rapproche davantage d'un modèle de type Lazarsfeld : le fait de posséder à un certain degré la caractéristique psychologique définie par le test n'entraîne plus une réussite théoriquement nécessaire aux questions d'un niveau donné de difficulté ; il détermine

1. Elle a été recherchée par les psychologues qui construisent des échelle d'intelligence inspirées des théories génétiques de Piaget : Vinh Bang, F. Longeot, etc.

seulement une probabilité de réussite (plus ou moins élevée suivant le degré atteint chez l'individu par la caractéristique) aux questions de ce type. La somme des réponses exactes (pour un nombre fixé de questions) constitue alors un moyen d'estimer cette probabilité et, par conséquent, le degré de la caractéristique.

Dans tous les cas où l'on se limite à considérer le test comme un moyen d'ordonner empiriquement les sujets, on ne trouve plus dans les données observées le moyen de comparer directement des distances entre ces sujets. Si l'on veut utiliser des méthodes de traitement impliquant cette comparaison, il faut créer une métrique. On le fait en imposant une forme à la distribution des observations. On range ces observations dans une série de classes ordonnées dont on postule qu'elles sont équidistantes. Les effectifs des classes successives sont souvent choisis de façon que la distribution soit binomiale. On dit alors que l'on normalise la distribution, ou que l'on utilise une échelle normalisée. On peut également choisir de distribuer les observations en un certain nombre de classes d'effectifs égaux. On dit alors, par exemple, que l'on utilise un « décilage » (si la distribution compte 10 classes). Les échelles normalisées, les décilages, ne sont pas autre chose que des formes particulières d'*étalonnage*. Mais, dans la perspective « affaiblie » que nous avons adoptée en considérant le test comme une méthode de simple ordination empirique des sujets, ces étalonnages ne sont plus seulement une technique permettant de définir commodément, à des fins pratiques, la position d'un individu dans la population : ils deviennent le moyen de créer une métrique des différences individuelles observées dans le test. On voit que des métriques différentes découlent de postulats différents sur la forme de la distribution des résultats au test. Chacun de ces postulats n'a plus ici que la valeur d'une convention de langage, et n'implique plus aucun jugement sur la distribution « réelle » de la caractéristique mesurée.

3. *L'analyse en « dimensions »*

Les individus diffèrent les uns des autres sous plusieurs aspects. Puisque la psychologie différentielle prétend « mesurer » les différences individuelles, il est permis d'utiliser le mot « dimensions » pour évoquer ces aspects discernables. L'analyse dimensionnelle des observations constitue l'un des problèmes essentiels de la psychologie différentielle.

Il se pose d'abord parce qu'on ne peut comparer plusieurs mesures sans savoir si elles ont été ou non pratiquées sur la même dimension. Un test ne pourra être substitué à un autre qu'à cette condition. Des comparaisons entre observations pratiquées sur des dimensions différentes ne peuvent être qu'indirectes : on pourra dire d'un individu que sa supériorité quant à la taille est plus faible que sa supériorité quant au poids s'il est dépassé par 40 % de la population sur la première de ces dimensions et par 20 % seulement sur la seconde. Ce genre de comparaisons intra-individuelles est régulièrement pratiqué en psychologie différentielle grâce à l'étalonnage des notes observées dans des tests dont on considère qu'ils s'appliquent à des dimensions différentes du comportement. Elles s'expriment sous forme de « profils » ou « patterns » caractérisant un individu ou un groupe.

L'analyse en dimensions distinctes ne répond pas seulement à ces nécessités logiques ou techniques. Elle répond aussi à l'ambition des psychologues qui voient dans l'analyse la démarche scientifique essentielle. Pour eux, une psychologie différentielle scientifique se doit de substituer aux différenciations globales entre individus, que peut opérer syncrétiquement l'observation commune, une différenciation beaucoup plus fine portant de façon distincte sur des dimensions différentes pouvant présenter entre elles un large degré d'indépendance. H. Piéron notamment a défendu cette idée avec vigueur. Il a présenté, en 1945, des observations concernant un grand nombre de tests appliqués aux mêmes sujets et a pratiqué des comparaisons intra-individuelles selon une méthode lui permettant de conclure que

« la parenté moyenne des diverses aptitudes n'est pas plus grande que la parenté de tous les individus réunis dans le groupe ». Piéron souligne l'importance pratique de ce fait en ce qui concerne l'utilisation sociale des individus paraissant d'un niveau global inférieur (et cela d'autant plus que ce sont ces individus qui témoignent de l'hétérogénéité intra-individuelle la plus grande).

On voit qu'une telle attitude s'écarte beaucoup de celle qui conduit d'autres psychologues à utiliser des épreuves de niveau du type Binet, qui reposent sur l'hypothèse selon laquelle les différenciations les plus significatives s'établissent sur une dimension unique et donc globale. Ces divergences s'expliquent notamment par l'emploi de méthodes différentes pour analyser les dimensions du comportement (c'est-à-dire par l'emploi de définitions différentes de cette notion). Il faut souligner que ce problème des dimensions du comportement n'est pas propre à la psychologie différentielle. C'est essentiellement un problème de psychologie générale, puisqu'il consiste à savoir quels sont les processus psychologiques pouvant être identifiés et distingués (ce qui ne signifie pas nécessairement qu'ils sont indépendants). L'étude des différences individuelles dans le déroulement de ces processus devrait pouvoir utiliser à ses fins propres un tableau d'ensemble établi par la psychologie générale. En fait, l'étude de ce que l'on a appelé la structure du comportement n'a jamais été abordée de façon systématique que par la psychologie différentielle qui, sur ce point, a dû par conséquent essayer de répondre par ses méthodes propres à un problème concernant la psychologie dans son ensemble.

La première solution que la psychologie différentielle ait proposée à ce problème s'inspire directement de l'attitude de la psychologie expérimentale générale. Elle consiste à faire appel à une évidence qui découlerait du dispositif expérimental lui-même (ici, du test). Une expérience dans laquelle on demande à un animal d'apprendre à parcourir un labyrinthe met *évidemment* en jeu un processus d' « apprentissage ». De même, un test dans lequel les sujets doivent, pour répondre correctement, connaître le sens des mots qui leur sont présentés, différencie *évidemment* ces individus sous l'angle de leur « compréhension verbale ». Cet appel à l'évidence n'est probablement pas plus satisfaisant dans un cas que dans l'autre, mais les difficultés qu'il comporte n'ont guère été examinées que dans le domaine de la psychologie différentielle. Elles sont de deux types.

On rencontre un premier type de difficultés lorsqu'on cherche à savoir si la même situation met en jeu les mêmes processus chez des individus différents. Ces difficultés sont particulièrement évidentes lorsqu'il s'agit de différencier des individus sur la même dimension, mais à des niveaux différents. Il est très difficile de trouver des questions de difficulté différente dont on puisse être assuré qu'elles continuent à présenter une difficulté de même nature, même si le dispositif expérimental qu'elles utilisent ne varie pas matériellement. Ainsi, dans certains tests non verbaux, une série de dessins, présentée au sujet, comporte une lacune que le sujet doit combler en respectant les lois qui régissent la succession des dessins de la série. La tâche est purement perceptive dans les plus faciles de ces problèmes. Elle exige un raisonnement qui peut rester en partie concret et intuitif aux niveaux moyens de difficulté. Les questions les plus difficiles appellent une analyse formelle explicite. L'hétérogénéité des tâches proposées dans une même épreuve à des niveaux différents est plus manifeste encore dans les échelles de développement du type Binet, où les questions proposées aux enfants les plus jeunes sont tout à fait différentes de celles qui sont proposées aux enfants les plus âgés.

Un second type de difficultés apparaît lorsqu'on cherche à savoir dans quelle mesure des situations expérimentales différentes mettent en jeu les mêmes processus chez les mêmes individus. En effet, le recours à l'évidence dont nous parlions plus haut peut conduire à supposer que certains dispositifs expérimentaux (ou tests) matériellement différents s'adressent au même processus psychologique et que de simples raisons de commodité peuvent conduire à adopter l'un ou l'autre. La psychologie différentielle offre un moyen de vérifier des hypothèses de ce genre. Deux tests dont on suppose qu'ils mettent en jeu le même processus devraient classer de façon à peu près identique les sujets qui les subissent l'un et l'autre. Si, dans certains cas, les hypothèses de ce genre sont confirmées par l'expérience, elles sont infirmées dans d'autres cas. Le problème se pose aussi dans le domaine traditionnel de la psychologie générale : différents indicateurs du conditionnement peuvent ne présenter que de faibles corrélations entre eux, et il peut en être de même pour différents indicateurs de la vitesse de perception, par exemple.

La distinction des dimensions du comportement ne peut donc reposer sur l'appel à une évidence que la nature du matériel expérimental imposerait. Différents critères empiriques ont été utilisés pour pallier les deux types de difficultés qui viennent d'être signalés.

La forme de la distribution des résultats observés dans un test appliqué à une population homogène peut fournir un élément de réponse à la question de savoir si ce test met en jeu un processus unique. On considère, en effet, qu'une distribution à peu près normale (ou au moins ne présentant qu'un seul mode) est une indication favorable à cette hypothèse. Si deux méthodes inégalement efficaces existent pour répondre aux questions posées, le groupe des sujets qui utilisera la moins efficace de ces méthodes se distribuera autour d'une valeur modale inférieure à celle qui localisera le groupe de ceux qui auront utilisé la méthode la plus efficace. Mais la distinction de modes différents n'est pas toujours très nette sur une distribution empirique, et des processus différents n'ont pas nécessairement des efficacités très différentes. De sorte que, si l'observation d'une distribution pluri-modale n'est guère compatible avec l'hypothèse d'une épreuve univoque appliquée à une population homogène, une distribution unimodale ne permet pas, à elle seule, de conclure.

Un autre critère, qui a été déjà mentionné, est applicable de façon beaucoup plus stricte au problème posé. Il consiste à exiger que les questions successives d'un test constituent une échelle de Guttman, les sujets résolvant une question de difficulté *p* parvenant tous à résoudre toutes les questions de difficulté inférieure à *p*. Il ne pourrait en être ainsi dans le cas où les questions seraient de natures différentes, c'est-à-dire mettraient en jeu des caractéristiques individuelles sous l'angle desquelles les sujets du groupe considéré ne se classeraient pas de façon identique. Dans ce cas, en effet, un sujet pourrait échouer devant une question facile s'adressant à une caractéristique qu'il ne possèderait qu'à un faible degré tout en réussissant à une question plus difficile s'adressant à une autre caractéristique qu'il possèderait à un degré élevé. On voit que ce critère utilise la cohérence interne des réponses de chaque sujet aux différentes questions. La même idée est utilisée de façon moins rigoureuse par un autre critère plus ancien et plus souvent employé.

On peut, en effet, se borner à exiger d'un test que la réussite à chacune de ses questions soit en corrélation élevée avec la réussite globale à l'ensemble des questions qui le constituent. Cela revient à supposer que, si le test est homogène, la probabilité pour qu'un sujet fournisse une réponse exacte à une certaine question est peu différente de la probabilité pour que ce même sujet fournisse des réponses exactes à toutes les autres questions. Mais on voit en quoi ce critère est moins rigoureux que le précédent : le même niveau global de réussite peut être atteint par deux sujets différents, grâce à des réussites obtenues à des questions différentes.

Pour savoir si l'on se trouve dans un tel cas, on peut examiner les corrélations entre toutes les questions prises deux à deux. Si l'ensemble des questions met en jeu deux caractéristiques pour lesquelles les sujets ne se classent pas de façon identique, des corrélations relativement élevées vont apparaître au sein de chacun des deux groupes de questions, et des corrélations relativement faibles entre les deux groupes. Mais les méthodes utilisant les corrélations entre questions exigent techniquement que chacune de ces questions différencie suffisamment les sujets, ce qui n'est pas le cas en général dans les épreuves composées de questions de difficulté croissante.

Cette méthode de regroupement des observations en fonction de leurs corrélations (analyse factorielle) est techniquement plus facile à employer lorsque chaque observation est constituée par le résultat d'un test entier, et non plus seulement par la réponse à une question isolée. On l'a employée, en effet, pour répondre à la seconde question que posait le simple appel à l'évidence : comment savoir si des tests différents mettent en jeu le même processus chez les mêmes individus ?

La méthode, dans son principe, revient à examiner empiriquement si ces différents tests classent les individus auxquels on les applique à peu près de la même façon, de telle sorte que les résultats observés soient compatibles avec l'hypothèse d'une caractéristique unique rendant compte des résultats à tous les tests. Si l'hypothèse d'une seule caractéristique sous-jacente (ou *facteur*) est infirmée par les observations, on peut rechercher combien de caractéristiques hypothétiques ou facteurs doivent être invoqués au minimum pour rendre compte des corrélations empiriquement observées entre les tests. Dans ce cas, on est amené à rechercher quel est le degré de dépendance de chaque test à l'égard de chacun des facteurs (*saturation* du test dans le facteur). Chaque individu possède chacune des caractéristiques invoquées à un degré plus ou moins élevé, et la méthode permet d'estimer ces *notes en facteur* individuelles de façon cohérente. Cette méthode a fait l'objet de très nombreuses études techniques et de très nombreuses applications, sur lesquelles nous reviendrons. On peut se borner ici à mettre en garde contre des interprétations erronées qui en ont été données par certains de ceux qui l'ont préconisée ou certains de ceux qui l'ont critiquée.

La solution proposée par une méthode d'analyse factorielle n'est jamais « unique » qu'en fonction des critères formels que cette méthode a choisi de lui imposer. Cette solution n'a donc pas un caractère de nécessité. La méthode permet seulement de savoir si une certaine hypothèse relative, par exemple, au nombre et à la structure des caractéristiques psychologiques mises en jeu par les tests analysés, est compatible ou n'est pas compatible avec les données expérimentales. Le choix entre plusieurs hypothèses se trouvant toutes compatibles avec ces données exige l'introduction de critères extérieurs.

Les hypothèses dont il s'agit sont purement formelles. Bien que les facteurs aient été souvent considérés comme la représentation de caractéristiques innées, d'aptitudes, rien n'impose un tel contenu à des hypothèses dont l'analyse factorielle se borne à éprouver la compatibilité formelle avec les données observées.

Une analyse factorielle ne peut vérifier que des hypothèses entrant dans le champ du dispositif expérimental utilisé pour recueillir les données : on ne peut espérer mettre en évidence l'existence possible d'un facteur verbal sur un groupe de tests ne faisant pas appel au langage. Cette évidence s'impose à tous les procédés expérimentaux. Une erreur affligeante consisterait à en déduire que « l'analyse factorielle ne retrouve jamais dans les données que ce qu'on y a mis ». Le seul problème, pour l'analyse factorielle comme pour la méthode expérimentale en général, est de savoir si les résultats de l'expérience sont compatibles ou non avec les hypothèses préalables de l'expérimentateur, hypothèses qui sont matérialisées par le dispositif expérimental lui-même. Si l'analyse factorielle a permis de ne pas rejeter des hypothèses relatives, par exemple, à l'existence de facteurs verbal, spatial, numérique, elle a par contre conduit à rejeter, par exemple, des hypothèses relatives à des facteurs de compréhension, d'invention, de critique.

4. *L' « identification » des dimensions*

Ce problème d' « identification » des dimensions constitue l'aspect sémantique de l'analyse dimensionnelle des différences individuelles. On vient de voir, en effet, que les critères permettant de dire qu'un test ou un groupe de tests concernent une ou plusieurs dimensions sont essentiellement des critères formels. On peut se poser la question de savoir « quelles sont » les dimensions qui ont été ainsi distinguées formellement, « ce que mesure » tel test. Il est difficile de répondre à cette question, surtout parce qu'il est difficile d'en préciser le sens et de préciser les critères qui permettraient de juger qu'une réponse est satisfaisante.

La façon la plus commune de comprendre cette question consiste à se référer au langage courant (ou à celui de philosophes comme ceux de l'École écossaise) pour définir quelles sont les dimensions « réelles » des conduites. Ces dimensions correspondraient à des facultés, capacités, qualités telles que l'intelligence, la mémoire, la volonté, l'attention, etc. L'existence d'un vocable dans la langue témoignerait de l'existence « réelle » d'une dimension et il suffirait d'établir une correspondance entre ces catégories linguistiques et les dimensions définies formellement par le psychologue. Malheureusement, la langue commune (ou celle des philosophes) n'offre pas une analyse des conduites suffisamment stable et cohérente pour que le problème puisse être résolu de cette façon.

L'analyse factorielle, dès ses premières applications, a montré que des tâches qui, pour la langue commune, faisaient appel aux mêmes « facultés », ne classaient pas en fait les individus d'un groupe donné dans le même ordre, et

Spearman déjà pouvait ainsi mettre en évidence le manque de fondement de ce qu'il appelait « la doctrine oligarchique des facultés ». Les très importants désaccords que l'on constate entre les jugements portés par différents observateurs sur les mêmes sujets (travaux docimologiques en milieu scolaire, travaux de R. Bonnardel en milieu industriel) confirment que les mots désignant, dans la langue commune, les différentes dimensions des conduites, sont entendus en des sens différents par des utilisateurs différents. Ils ne peuvent donc offrir la référence extérieure stable qui permettrait d' « identifier » les dimensions définies formellement par le psychologue.

Une façon plus précise de poser la question consiste à définir par un caractère observable bien déterminé « ce que l'on cherche à mesurer ». Ce caractère devient alors le critère qui permet de savoir si un test mesure bien la dimension à laquelle on s'intéresse. On peut ainsi choisir la réussite au baccalauréat comme critère de réussite scolaire, le salaire comme critère de réussite professionnelle, etc. Il suffit alors, pour *valider* un test en fonction de tels critères, d'observer la corrélation existant entre ce test et ces critères. En fait, la question posée ainsi prend un tout autre sens : il s'agit moins d'identifier une dimension fondamentale des conduites que d'établir, le plus souvent à des fins pratiques, un pronostic portant sur un caractère observable (la réussite au baccalauréat, le salaire) à partir d'un caractère observé antérieurement (le test). Décrire la « réussite scolaire » par le baccalauréat, la « réussite professionnelle » par le salaire pose les mêmes problèmes que la description de l' « attention » par un test de barrage de signes.

Le psychologue peut alors renoncer à chercher une référence extérieure (linguistique ou empirique) pour identifier ses dimensions, en définir le contenu. S'il constate que plusieurs de ses tests ordonnent les sujets d'un groupe à peu près de la même façon, il conclura d'abord que ce classement commun est celui qui s'établit, pour ces sujets, sur une dimension sous-jacente unique. De plus, il identifiera cette dimension par le contenu commun à tous les tests considérés, contenu qu'il déduira d'une observation directe des tâches proposées. Si des tests, différant à tous égards, mais utilisant tous un matériel numérique, ordonnent les sujets d'un groupe de façons voisines, le facteur ainsi mis en évidence sera qualifié de numérique. Une vérification est possible : un nouveau test, n'ayant en commun avec les précédents que l'emploi d'un matériel numérique, devra à son tour classer ces sujets dans l'ordre déjà observé. Cette démarche est celle des utilisateurs de l'analyse factorielle, spécialement celle de L. L. Thurstone. Elle présente un grand intérêt, à l'intérieur de ses limites, qu'il faut marquer, en précisant bien que ces limites bornent nécessairement le champ de toute la méthode expérimentale en psychologie.

En premier lieu, le contenu ainsi identifié ne peut s'étendre au-delà du contenu des épreuves que l'expérimentateur a choisi d'utiliser. Ce serait donc une erreur de croire que l'analyse factorielle peut faire l'économie de toute théorie ou hypothèse préalable et conduire directement à la découverte de « la structure des aptitudes humaines » ou des « facteurs de l'esprit », comme on pourrait l'espérer si l'on prenait à la lettre les titres d'ouvrages classiques. Elle permet seulement de savoir si un certain caractère commun à plusieurs variables, que l'on a choisi par hypothèse d'introduire dans la série de celles sur lesquelles porte l'analyse, va susciter entre ces variables des corrélations plus élevées, c'est-à-dire l'apparition d'un facteur. Les expériences de ce type ont été nombreuses. Rien ne permet de penser qu'elles ont épuisé la liste des caractères susceptibles de mettre en évidence une dimension des conduites. Pour que cette succession de vérifications particulières couvre l'ensemble du champ des conduites, et pour qu'elle puisse révéler la structure générale de ces conduites, il faudrait que les analyses puissent porter sur des échantillons représentatifs de l'ensemble des conduites susceptibles de différencier les individus. On ne sait guère, pour l'instant, définir un tel ensemble, ni en tirer un échantillon représentatif. Ce problème de l'échantillonnage des variables ne se pose pas seulement à la psychologie différentielle, comme en témoignent par exemple les recherches qu'E. Brunswik a consacrées, en psychologie générale, à la perception. Le fait que l'importance de ce problème soit restée longtemps inaperçue a largement contribué à obscurcir les controverses entre écoles factorielles « classiques ». A des dates plus récentes, le problème a été évoqué par des auteurs comme H. Hotelling, L. Guttman et R. B. Cattell. Celui-ci a essayé, en 1946, de définir l'ensemble des dimensions concernant une description différentielle des conduites, sous le nom de « sphère de la personnalité », à partir de l'ensemble des termes utilisés par le langage commun pour la description de la personnalité. Ce qui a été dit plus haut du langage commun limite sans doute la portée d'une telle tentative. La question a été reprise sur d'autres bases, depuis 1957, par des auteurs comme R. C. Tryon, L. J. Cronbach, H. F. Kaiser, à propos de la fidélité des tests (définie par la corrélation entre deux épreuves constituées par deux échantillons au hasard d'un même ensemble de variables) et à propos de la « généralisabilité » des facteurs (analyse factorielle « alpha »). Aussi longtemps que cette notion d'échantillon de variables n'aura pas été précisée, nous ne pourrons savoir comment se situent les dimensions que l'analyse factorielle permet d'identifier dans l'ensemble de celles qui pourraient l'être.

Une seconde limitation concerne le caractère strictement opérationnel des définitions que l'analyse factorielle permet d'obtenir. C'est seulement le caractère commun aux différentes variables constituant le « facteur » qui définit ce facteur, qui en délimite le contenu. Mais cette identification des dimensions par une « opération » ne caractérise pas en propre l'usage de l'analyse factorielle, et appelle quelques remarques plus générales.

Le psychologue qui renonce en principe à identifier ses

dimensions par une référence extérieure peut en effet adopter une attitude plus générale, en un sens plus radicale, que celle de l'utilisateur de l'analyse factorielle. Il peut choisir de définir « opérationnellement » une dimension comme l'intelligence, en posant à titre de convention de langage l'identité des significations de deux énoncés. Le premier de ces énoncés serait par exemple le suivant : « L'intelligence de cet enfant est mesurée par un quotient d'intelligence de 120. » Le second énoncé pourrait être, dans ce cas : « Si nous posons à cet enfant telle série de questions dans telles conditions, si nous lui accordons des points suivant tel ensemble de règles, si nous effectuons telle opération sur les résultats, alors nous obtiendrons le nombre 120. » L'usage de conventions de langage de ce type conduit à s'interroger sur leur valeur heuristique. On peut se demander si de telles définitions sont utilisables en dehors du cercle que paraît constituer chacune d'elles ; si elles ne conduisent pas à accorder une infinité de sens différents au même mot puisque, en droit, n'importe quelle opération peut définir n'importe quelle dimension.

Une première réponse à ces objections introduit la notion de « contenu additionnel ». En utilisant l'opération, c'est-à-dire le test, décrit dans le second des énoncés ci-dessus, on constatera par exemple que les enfants dont l'intelligence est mesurée par un Q.I. de 120 réussissent mieux dans leurs études, en moyenne, que ceux dont le Q.I. est de 90 ; qu'ils ont, en moyenne, des parents d'un niveau socio-économique plus élevé, etc. L'existence même d'un tel contenu additionnel pourra constituer un indice favorable à la valeur heuristique de la définition choisie, la preuve que cette définition n'est pas purement circulaire. Deux définitions opérationnelles dont le contenu additionnel se révélera commun pourront être considérées comme synonymes, ce qui introduira la possibilité de limiter le nombre des définitions différentes.

Il faut remarquer en outre que la définition opérationnelle

n'a jamais, en fait, le caractère entièrement gratuit et indéterminé que le logicien lui accorde en droit. On ne fera pas enfiler des perles pour définir et mesurer l'« intelligence », ni expliquer un texte difficile pour définir et mesurer l'« habileté manuelle ». Le langage commun, les réflexions des philosophes, les travaux antérieurs des psychologues constituent un fonds qui, malgré ses ambiguïtés et ses incohérences, délimite en fait le choix des opérations. De même, un contenu additionnel doit être cherché, et l'on ne cherche pas dans n'importe quel domaine le contenu additionnel d'une certaine définition opératoire. Des attentes, des hypothèses plus ou moins implicites, tirées elles aussi du même fonds initial, imposent une direction à cette recherche.

Mais il faut alors souligner que la formulation d'une définition opératoire et la recherche de son contenu additionnel contribuent à mettre à l'épreuve ces hypothèses implicites, et par là à rectifier la conception confuse primitivement empruntée au langage commun. Comment faut-il comprendre, en effet, la démarche d'un constructeur de test comme L. M. Terman qui décide d'écarter de la version primitive de son échelle de niveau intellectuel les questions qui, après expérimentation, se sont trouvées en corrélation trop faible avec l'ensemble des autres ? Toutes les questions primitives répondaient à une conception de l'intelligence confusément définie par le langage commun et par des travaux antérieurs (ceux de Binet en l'occurrence). Si certaines d'entre elles se sont révélées indépendantes des autres au point de nuire à la nécessaire unité de l'opération que l'on cherche à définir, on peut y voir l'indice d'une incohérence de cette conception antérieure, ou au moins de son ambiguïté. Le test rectifié n'est plus, techniquement, le même test ; mais, simultanément, l'intelligence qu'il définit n'est plus la même. Elle n'est plus la même opérationnellement, ce qui est une tautologie. Mais la rectification nous a aussi appris quelque chose en un sens plus large, en remettant en cause certaines des hypothèses qui nous avaient fait introduire dans la première version du test les questions qui ont dû ensuite en être écartées. De même, le fait qu'un contenu additionnel attendu de façon plus ou moins implicite se révèle à l'expérience présent ou absent constitue une mise à l'épreuve de l'hypothèse sur laquelle cette attente se fondait. Ce fait apprendra de nouveau quelque chose sur la dimension définie opérationnellement par le test, et pourra conduire à modifier ce test. Le même fait apprendra aussi quelque chose sur les variables (réussite scolaire, niveau socio-économique des parents) qui auront été utilisées pour la recherche de ce contenu additionnel.

On voit que cette façon élargie de considérer la définition opérationnelle des dimensions amène à comprendre comme des moments successifs d'un cycle d'approximations les emprunts au langage commun, les vérifications de cohérence interne, l'usage de critères externes. Le psychologue cherchant à identifier les dimensions suivant lesquelles les individus se différencient est conduit à construire, à partir d'un schéma primitif imparfait, une théorie dont les déductions peuvent se vérifier lorsque des moyens d'observation appropriés sont employés. Cette façon de comprendre le problème de l'identification des dimensions paraît correspondre au contenu commun à l'opérationnisme moderne et à d'autres conceptions récentes, et à certains égards opposées, comme celle de *construct validity* (validité hypothético-déductive) de L. J. Cronbach et P. E. Meehl.

CHAPITRE III

L'organisation des conduites

Si l'on observe la conduite d'un individu dans une certaine situation, il arrive que l'on puisse faire un pronostic, meilleur que celui que le hasard seul permettrait, en ce qui concerne la conduite de cet individu dans une autre situation. La valeur de ce pronostic (c'est-à-dire l'amplitude des erreurs qu'il implique) varie avec les situations considérées. Décrire l'organisation des conduites, c'est écrire la matrice des probabilités permettant de faire les meilleurs pronostics possibles concernant certaines conduites à partir de ce que l'on sait de certaines autres. Le fait que ces probabilités ne sont pas toutes nulles conduit à émettre des hypothèses relatives, par exemple, à l'existence d'« aspects » communs à des situations différentes ou à l'existence de « processus » psychologiques, mis en œuvre par plusieurs situations différentes.

Il faut souligner que ce problème de l'organisation des conduites concerne d'abord la psychologie générale. Il faut s'attendre, en effet, à ce que les matrices de probabilités dont nous parlions ne diffèrent pas du tout au tout d'un individu à un autre : il serait hautement invraisemblable que les processus psychologiques pouvant être mis en œuvre chez des individus différents placés dans la même situation soient tous de natures différentes. En fait, le problème de l'organisation des conduites a été abordé déjà dans une perspective non différentielle : celle dans laquelle se plaçait P. Janet lorsqu'il décrivait une hiérarchie des conduites en utilisant la méthode pathologique. D'autres secteurs de la psychologie générale pourraient offrir d'autres méthodes pour traiter le même problème. L'étude du transfert pourrait être orientée dans ce sens : l'exécution d'une certaine tâche facilite l'exécution de certaines autres tâches, dans une certaine mesure pouvant varier d'une tâche à une autre. On aurait donc là, sans doute, un moyen d'établir des matrices de liaisons par une méthode qui pourrait être aussi indépendante des différences individuelles que l'est dans son ensemble la psychologie expérimentale générale, et qui appellerait des hypothèses explicatives de la forme rappelée ci-dessus. On a pu envisager des modalités de transfert tout à fait générales (« apprendre à apprendre »), en recouvrant d'autres plus ou moins spécifiques, et cette hiérarchie n'est pas sans analogie avec la hiérarchie des facteurs établie par la psychologie différentielle (R. M. Gagné décrit des hiérarchies de connaissances ou *learning sets*).

C'est à ce problème de psychologie générale que la psychologie différentielle a apporté une contribution. Elle est intervenue ici en tant que méthode, exactement comme la psychologie de l'enfant peut offrir à la psychologie générale l'usage de la méthode génétique. En considérant le groupe des individus s'adaptant mieux que les autres à une certaine situation, on peut rechercher pour quelles autres situations ces mêmes individus témoignent également, en moyenne, d'une relative supériorité. Le résultat de ces recherches, qui utilisent en général l'analyse factorielle, vaut pour le groupe tout entier des individus sur lesquels elles portent. Il ne consiste pas à différencier les individus d'après l'organisation de leurs conduites.

1. *Diversité des résultats obtenus dans le domaine des conduites cognitives*

Les conduites cognitives, auxquelles la psychologie différentielle s'est intéressée le plus tôt et le plus souvent, sont celles qui peuvent être observées chez des sujets soumis à des tests d' « intelligence » ou d' « aptitudes ». Les résultats obtenus dans ce domaine par différentes méthodes d'analyse factorielle sont d'une grande diversité, ce qui a pu jeter un certain discrédit sur ce type de travaux. Il convient de donner une idée de cette diversité, avant d'essayer de l'expliquer.

La grande majorité des psychologues américains, à la suite de L. L. Thurstone, décrivent l'organisation des conduites observables dans les épreuves d'intelligence et d'aptitudes (on dit souvent, plus brièvement : « décrivent les épreuves d'intelligence et d'aptitudes ») sans faire appel de façon explicite à un facteur général, c'est-à-dire sans éprouver apparemment le besoin d'invoquer un processus psychologique qui serait mis en jeu par toutes ces épreuves. Ils présentent ces conduites, c'est-à-dire les épreuves qui les mettent en évidence, comme une série de groupes au sein desquels les pronostics dont nous parlions au début de ce chapitre seraient relativement bons, mais entre lesquels il n'existerait aucune liaison (facteurs « orthogonaux » employés par L. L. Thurstone dans ses premiers travaux et auxquels J. P. Guilford est resté fidèle), ou seulement des liaisons relativement faibles (facteurs « obliques »)[1].

Lorsqu'on applique une méthode d'analyse factorielle pouvant conduire (mais ne conduisant pas nécessairement) à des résultats de cette forme sur une série de tests largement hétérogènes, pouvant passer pour un échantillon représentatif des tests utilisés habituellement en matière d'intelligence et d'aptitude, on obtient en général les groupes de tests ou

1. Nous confondons volontairement, dans cette présentation, la notion de *cluster* ou groupe de variables et la notion de facteur, qui n'y correspond pas nécessairement. Tout ce qui est dit de l'analyse factorielle ne vise qu'à suggérer, de façon plus ou moins grossière, une idée d'ensemble de cette méthode et de ses résultats. On pourra trouver un exposé méthodologique plus technique dans Reuchlin (M.), *Méthodes d'analyse factorielle à l'usage des psychologues*, Paris, Presses Universitaires de France, 1964.

facteurs que Thurstone avait lui-même mis en évidence dès ses premiers travaux. Les plus stables regroupent les épreuves d'après le matériel qu'elles utilisent : facteur numérique (N), verbal (V), spatial (S). Il faut souligner que ce résultat n'avait rien d'évident *a priori*. Compte tenu de la diversité des tâches pouvant mettre en œuvre des nombres, ou des mots, ou des figures, rien ne permettait de penser que la simple communauté du matériel utilisé allait être le caractère en fonction duquel s'organiseraient d'abord les conduites observées dans cet ensemble d'épreuves. L'expression abrégée « décrire les épreuves », employée pour définir le but de l'analyse, a suscité ici une erreur d'interprétation. Car s'il est bien évident avant toute analyse que les épreuves dont il s'agit emploient des mots, des nombres ou des dessins, il n'était nullement évident que les conduites des sujets dans ces épreuves s'organisent de la même façon. D'autres facteurs, moins stables, ont été parfois mis en évidence, tels ceux qui ont été dénommés facteurs de mémoire (M), d'induction (I), de raisonnement (R). Ces analyses portant ainsi sur des séries d'épreuves très hétérogènes ont été suivies d'analyses portant, par exemple, sur une série d'épreuves verbales ou sur une série d'épreuves spatiales. Dans le domaine verbal, Thurstone avait distingué un facteur V correspondant à la compréhension du matériel verbal d'un autre facteur W correspondant au maniement formellement aisé de ce matériel. J. B. Carroll, utilisant une série de 42 tests verbaux, aboutit à 10 facteurs dont 9 concernent l'emploi du langage. On observe notamment que V se subdivise alors en un facteur C correspondant au maniement de réponses linguistiques conventionnelles et en un facteur J de raisonnement verbal. W se subdivise également en un facteur A d'aisance à manier les mots en se conformant à certaines règles et un facteur E de vitesse dans la production d'un discours cohérent.

L'évolution des recherches s'est faite dans le même sens à propos du facteur spatial. D'abord unique dans les premières recherches de Thurstone, le groupe des conduites impliquant la représentation de déplacements dans l'espace s'est subdivisé lorsque des analyses portant sur des tâches spatiales plus finement diversifiées ont été réalisées (par Thurstone lui-même ou par Guilford et ses collaborateurs travaillant pour l'armée de l'air des États-Unis). On a vu ainsi se distinguer les conduites des sujets ayant à déplacer des configurations dont les différentes parties gardaient la même position relative ou à utiliser des configurations dont les parties se déplaçaient les unes par rapport aux autres ; à visualiser des déplacements dans un espace à deux dimensions ou à trois dimensions ; à s'orienter dans l'espace ; à utiliser des références spatiales, etc.

Dans le schéma utilisé par Thurstone et la plupart des psychologues américains, ces facteurs nouveaux, plus limités et plus nombreux, se substituent aux anciens facteurs plus larges, ou prennent place à côté d'eux et sur le même niveau. Il en résulte un émiettement dans la représentation qui est offerte de l'organisation générale des conduites. Cette impression se dégage notamment de l'ouvrage de J. W. French (1951) dans lequel cet auteur a essayé de présenter un tableau d'ensemble des résultats obtenus dans ce domaine par les psychologues américains.

Cette disparition de toute structuration d'ensemble dans la multitude de facteurs particuliers que de nombreuses recherches mettaient en évidence a été considérée, même aux États-Unis, comme un inconvénient grave du schéma thurstonien (parfois désigné techniquement par l'appellation « structure simple »). D'où l'intérêt croissant que les psychologues ont attaché à une autre façon de schématiser l'organisation des conduites cognitives, celle qui s'est dégagée, en Angleterre, des derniers travaux de C. Spearman, et qui a été développée et illustrée par C. Burt et P. E. Vernon : le schéma « hiérarchique ».

La hiérarchie anglaise utilise des facteurs ayant un degré décroissant de généralité. Le premier fait qu'elle choisit de mettre en évidence est l'existence, à peu près toujours vérifiée, de corrélations positives entre toutes les conduites cognitives. Elle représente ce fait par un facteur général (*g*). Ce facteur est souvent interprété comme un facteur « d'intelligence générale », c'est-à-dire comme un processus psychologique commun à toutes les conduites cognitives, mais fonctionnant de façon inégalement efficace chez des individus différents. Il est clair cependant que l'interprétation de ce facteur doit tenir compte de la nature des situations utilisées dans chaque analyse particulière. Il ne peut représenter que des aspects communs à toutes ces situations, ou les processus psychologiques mis en œuvre par ces aspects communs.

Dans une seconde étape, on écarte la part des corrélations observées qui est attribuable à ce facteur général. On constate alors que la part restante des corrélations dessine, dans un ensemble large d'épreuves cognitives, une structure discontinue. A l'intérieur de certains groupes d'épreuves, des corrélations résiduelles positives existent entre toutes les épreuves, alors que ces corrélations sont faibles ou nulles entre épreuves appartenant à des groupes différents. Pour représenter ce fait, le schéma hiérarchique utilise des facteurs d'un second niveau, inférieur au premier quant à la généralité, celui des « facteurs de groupe larges ». Si l'on utilise des séries d'épreuves assez largement hétérogènes sur des sujets non sélectionnés ou peu sélectionnés, on constate le plus souvent l'apparition de deux facteurs de groupe larges : un facteur verbal-numérique-scolaire (*v* : *ed*) et un facteur pratique-mécanique-spatial (*k* : *m*). Là encore, l'interprétation dépend des épreuves utilisées. Mais le regroupement des conduites utilisant le langage en un facteur distinct de celui qui rassemble les conduites non verbales est un fait très régulièrement observé.

Une fois écartée la part de corrélation attribuable à ces facteurs de groupe larges, les corrélations résiduelles peuvent souvent encore révéler des regroupements portant sur des catégories de conduites moins larges. Le schéma hiérarchique utilise, pour représenter ce fait, des facteurs de groupe plus restreints qui constituent un troisième niveau. A ce niveau, on peut constater que les corrélations résiduelles subsistant dans le domaine couvert, au niveau précédent, par *v* : *ed*, subdivisent ce domaine en facteurs numérique (*n*), verbal (*v*), de facilité formelle dans le maniement du langage, etc. Le domaine couvert par *k* : *m* se subdivise aussi en facteurs spatial, mécanique, psychomoteur, etc.

Ce troisième niveau peut se subdiviser à nouveau, si un nombre assez grand de tests relativement homogènes est employé.

On retrouve donc la possibilité de subdivision théoriquement illimitée que présentait le schéma américain. Mais le schéma anglais présente deux caractères qui le différencient du premier. Tout d'abord, la subdivision d'un facteur n'efface pas ce facteur du schéma d'ensemble qui conserve donc une structure générale stable. En second lieu, les psychologues qui utilisent ce schéma tiennent compte du fait que l'importance des différenciations introduites par les facteurs de groupes de niveau décroissant (la part de variance expliquée) décroît régulièrement lorsqu'on descend la hiérarchie. Cette remarque soulève un problème d'une grande importance En effet, il est toujours possible d'émettre des hypothèses très analytiques sur la subdivision de deux catégories de conduites très voisines, et il s'est avéré possible de vérifier expérimentalement plusieurs d'entre elles (voir notamment les travaux de Guilford et de ses collaborateurs). Le problème est de savoir si ce type de travaux représente autre chose qu'un exercice d'école. Ce problème est important, car il conduit à s'interroger sur l'objet de la psychologie (générale aussi bien que différentielle). Si l'on définit cet objet par la description et l'explication des conduites de l'homme *en milieu naturel*, on choisira de réserver en priorité les moyens de recherche dont on dispose à des analyses dont le niveau de finesse ne descendra pas, au moins provisoirement, au-dessous d'une certaine limite. Descendre immédiatement aussi loin que possible dans l'analyse ne constitue pas nécessairement le moyen le meilleur pour contribuer à l'explication des conduites en milieu naturel, et des exemples pourraient être trouvés aussi bien en psychologie différentielle qu'en psychologie générale. C'est la part de variance expliquée dans les conduites en milieu naturel qui aide à définir la limite inférieure à laquelle on décide d'arrêter, au moins provisoirement, les subdivisions hiérarchiques du schéma anglais.

Deux précisions doivent être ajoutées sur la forme de ce schéma, car elles marquent sa liaison avec d'autres modèles qui ont été parfois préconisés pour représenter l'organisation des conduites cognitives.

Un facteur *i*, couvrant les conduites mettant en œuvre un raisonnement inductif, a pu parfois être distingué de *g*, et paraît jouer un rôle distinct dans les tâches mathématiques. Mais ce facteur, défini par l'existence de liaisons entre plusieurs épreuves d'induction, est difficile à distinguer d'un *g* défini par les liaisons entre une série plus large d'épreuves cognitives comprenant les épreuves d'induction. On peut se demander si cette observation et cette difficulté ne pourraient pas orienter des recherches qui se proposeraient de distinguer plusieurs facteurs généraux au lieu d'un, ce qui donnerait une dimension de plus à la hiérarchie. R. B. Cattell considère qu'il est parvenu à différencier deux facteurs généraux : un facteur d' « intelligence fluide », correspondant à l'adaptation à des situations nouvelles, qui présenterait son maximum vers 14 ans, qui serait déterminé génétiquement dans une assez large mesure et dont les tests de raisonnement non verbal seraient d'assez bons indicateurs ; un facteur d'intelligence « cristallisée », utilisant l'expérience antérieure (par exemple dans le maniement du langage ou des nombres) et les connaissances acquises, présentant son maximum à un âge beaucoup plus avancé, et dépendant largement du milieu culturel.

Une seconde précision concerne l'existence probable de « liaisons croisées » réunissant des facteurs de même niveau ou de niveaux différents issus de ramifications différentes de l' « arbre » hiérarchique. Vernon considère, par exemple, que les tâches dites « emplois de bureau » sont liées à la fois à un facteur verbal issu de *v* : *ed* et à un facteur perceptif issu de *k* : *m* ; que les mathématiques sont liées à la fois à un facteur numérique issu de *v* : *ed* et à un facteur spatial issu de *k* : *m*. On peut exprimer formellement ces remarques en disant qu'il existe alors plusieurs chemins pour passer d'un niveau à un autre dans la hiérarchie : on peut, par exemple, remonter des mathématiques à *g* en passant soit par *v* : *ed*, soit par *k* : *m*.

Cette possibilité d'emprunter plusieurs chemins peut conduire à envisager l'organisation des conduites cognitives sous la forme de plusieurs hiérarchies superposées. Sur une même série de tests, il n'y a évidemment qu'une façon de définir le niveau le plus bas de la hiérarchie (un facteur spécifique par test) et son niveau le plus élevé (un seul facteur général couvrant tous les tests). Mais les niveaux intermédiaires pourraient être figurés de plusieurs façons différentes. On peut imaginer que la série des tests considérés constitue certains groupes caractérisant différents matériels, ce premier groupement étant de forme hiérarchique ; et certains autres groupes, formant une hiérarchie différente, en fonction des opérations devant être effectuées sur ces matériels. Deux chemins différents conduiraient ainsi de chaque facteur spécifique au facteur général. Cette possibilité a été envisagée (notamment par L. G. Humphreys qui, pour des raisons qui apparaissent mal, considère qu'elle démontre le caractère inadéquat, pour des séries d'épreuves de ce type, du modèle hiérarchique). Elle n'a jamais été vérifiée expérimentalement. Elle méritait cependant d'être signalée, car elle fait la liaison entre le modèle hiérarchique et un modèle très général : le modèle en « facettes ».

L'expression « facettes » est due à L. Guttman. Mais la

notion a une telle généralité qu'il est difficile d'accorder à ce modèle le statut d'une hypothèse vérifiable expérimentalement sur la forme générale d'organisation des conduites cognitives. Une facette est une dimension définie *a priori* suivant laquelle il paraît possible de différencier les tests (ou les facteurs) en un certain nombre de catégories. Elle est assimilable à un « facteur de classification » dans une analyse de la variance organisée selon un « plan factoriel » fishérien.

Le modèle en facettes n'est pas autre chose que le produit cartésien de plusieurs de ces facteurs de classification. On comprend qu'un tel modèle puisse être utilisé très souvent, et de façons très différentes.

L'expression a pu ainsi être utilisée (par L. Guttman) à propos du modèle proposé par J. P. Guilford pour introduire une certaine organisation dans les très nombreux facteurs découverts par l'école américaine dans le domaine de l'intelligence. Guilford considère que ces facteurs peuvent être distingués les uns des autres de trois façons différentes : d'après les *opérations* qu'ils impliquent (cognition, mémoire, production divergente, production convergente, évaluation) ; d'après les *produits* de ces opérations (unités, classes, relations, systèmes, transformations, implications) ; d'après le *contenu*, le matériel utilisé (visuel, auditif, symbolique, sémantique, comportemental). Le produit de ces cinq opérations par ces six produits et par ces cinq contenus détermine 150 classes (150 blocs dans un parallélépipède dont les trois dimensions sont les opérations, les produits, les contenus). Parmi ces 150 « facteurs de base », Guilford considère, en 1985, que l'existence d'une centaine a été empiriquement vérifiée. La signification de vérifications de ce genre devra, sans doute, être soigneusement examinée avant que l'on puisse accepter l'idée que l'ensemble de nos conduites cognitives s'organise empiriquement en respectant la symétrie et la régularité parfaites d'un produit cartésien.

Guttman lui-même utilise deux facettes très générales :

il distingue les tests d'après leur niveau de complexité et d'après leur contenu. Il décrit les caractéristiques d'une table de corrélations entre tests ne différant que par leur niveau de complexité *(simplex)* ou entre tests ne différant que par leur contenu de façon telle que chacun ait un contenu intermédiaire entre les contenus de deux autres *(circumplex)*. Il propose une méthode d'analyse applicable à des séries d'épreuves variant à la fois par leur complexité et par leur contenu (analyse en *radex*).

2. *Raisons pouvant expliquer cette diversité*

L'organisation des fonctions cognitives paraît ainsi se présenter sous une forme ou sous une autre suivant la méthode employée pour analyser l'information pouvant être tirée des différences individuelles. Pour juger de la signification de cette diversité, il est nécessaire d'éviter certaines confusions. Il convient, en particulier, de ne pas considérer que deux résultats sont différents parce qu'ils s'expriment sous deux formes différentes mais pouvant se déduire l'une de l'autre. Il convient également de ne pas attendre *a priori* que toutes les conduites cognitives, quels que soient leur nature et leur niveau, s'organisent selon le même schéma, et que ce schéma soit simple.

Le premier de ces deux groupes de remarques appelle des considérations techniques qui ont été présentées ailleurs (Reuchlin, 1964 *a*, p. 254), mais qui ne pourront ici qu'être suggérées. On a pu montrer que les facteurs obliques de l'École américaine et la hiérarchie de facteurs de l'École anglaise correspondaient à deux façons différentes de décrire les mêmes faits. Si on analyse les corrélations entre facteurs obliques, on obtient en effet des facteurs de second ordre qui, s'ils sont à leur tour obliques, peuvent être analysés en facteurs de troisième ordre. Chaque « ordre » de l'analyse pratiquée ainsi dans le prolongement des méthodes américaines correspond à un niveau de la hiérarchie anglaise : les facteurs américains de premier ordre se groupent en faisceaux relativement distincts les uns des autres, qui sont décrits autrement par les facteurs de groupe larges de la hiérarchie anglaise ; la corrélation entre ces faisceaux se traduit par l'usage d'un facteur général dans le système anglais. Les deux schémas se ramènent ainsi l'un à l'autre, et des factoristes français ont démontré le fait plusieurs fois en répétant l'analyse des mêmes données par les deux méthodes, et en retrouvant les résultats fournis par l'une à partir des résultats fournis par l'autre.

Mais il ne résulte pas de l'équivalence de ces deux schémas qu'ils aient la même valeur heuristique. La formulation américaine présente des inconvénients que la formulation anglaise évite. Il est en effet très difficile de tenir compte, lorsqu'on lit ou qu'on interprète les résultats d'une analyse américaine, du fait que les facteurs dont on parle sont en général obliques. La présence d'un facteur général est souvent le fait majeur des analyses pratiquées dans le domaine cognitif, puisqu'il est fréquent que ce seul facteur rende compte de la moitié environ de la variance expliquée par l'analyse. Or, l'usage des facteurs obliques rend ce fait très difficilement perceptible : il ne se manifeste plus que par la table des corrélations entre ces facteurs, corrélations dont il est impossible, même à un lecteur entraîné, de tirer immédiatement, sans calculs intermédiaires, toutes les conséquences en ce qui concerne l'organisation des observations elles-mêmes. La mise en évidence d'une variance commune à l'ensemble des tests sous forme d'un facteur général est une présentation beaucoup plus claire et dont on peut penser qu'elle représente plus directement les faits. De plus, dans le système américain, chaque précision apportée par une analyse nouvelle se traduit par une fragmentation plus fine du schéma antérieur. C'est un inconvénient certain, que la hiérarchie anglaise évite également. Une analyse plus fine du facteur verbal ou du facteur spatial peut ou non fournir des résultats stables.

Elle ne fait pas disparaître, quelle que soit son issue, le groupement plus grossier et plus stable dont l'existence reste acquise ; alors que rien ne permet au lecteur de se rendre compte, dans les analyses américaines, que deux des sous-facteurs spatiaux restent plus près l'un de l'autre, après l'analyse qui les a mis en évidence, qu'ils ne le sont des sous-facteurs verbaux qu'une autre analyse a distingués.

Or, le fait de conserver la trace des classes larges dont on s'efforce d'affiner la partition est d'autant plus important que les résultats des analyses deviennent de plus en plus instables et incertains à mesure que l'on « descend » les échelons. Cette liaison entre l'instabilité des résultats et la finesse de l'analyse peut s'expliquer sans doute par l'homogénéité croissante des séries d'épreuves utilisées. Il est de moins en moins vraisemblable qu'apparaisse une organisation stable de conduites observées dans des situations de moins en moins différentes. A la limite, des liaisons inégales paraissant manifester une organisation n'apparaîtraient que de façon aléatoire entre des conduites observées dans des situations identiques. Cette limite représente le niveau le plus bas de la hiérarchie anglaise.

Mais la diversité des résultats obtenus dans le domaine de l'organisation des conduites cognitives ne s'explique pas seulement par l'usage de formalisations différentes. Elle s'explique aussi, et de façon plus évidente, par le fait que des recherches différentes utilisent des échantillons différents de situations. Ces échantillons peuvent différer par leur niveau, au sens qui vient d'être défini. Ils peuvent différer par leur nature. Une analyse factorielle, pratiquée sur un échantillon de situations dont on suppose qu'elles diffèrent par la forme des opérations mentales qu'elles mettent en jeu, peut infirmer ou non cette hypothèse. Elle ne peut pas imposer une autre hypothèse, que l'échantillon de situations choisi ne traduirait pas. Il en sera exactement de même pour une autre analyse portant sur un échantillon de situations ne différant systématiquement, celles-là, que par le matériel (verbal ou numérique, par exemple) qu'elles utilisent. Pour considérer que les résultats de ces deux analyses fournissent des indications contradictoires sur l'organisation des fonctions cognitives, il faudrait négliger le fait qu'elles répondent à deux questions différentes.

Est-il concevable que deux catégories d'hypothèses, semblables à celles qui viennent d'être citées, soient simultanément vérifiées par l'expérience ? Cela n'est pas douteux s'il s'agit d'échantillons différents de situations. Mais cela peut être vrai aussi sur un échantillon unique. Il faut admettre que l'organisation des conduites ne répond pas nécessairement à un schéma simple, pouvant se décrire dans une ou deux dimensions. Il est possible, et même vraisemblable, que cette organisation utilise simultanément plusieurs principes différents et non contradictoires. Cette idée inspire les schémas en « facettes » qui ont été proposés. Ils constituent, dans l'œuvre de Guilford, un moyen de pallier la difficulté présentée par l' « émiettement » des facteurs du système américain. Mais cette répartition des facteurs dans un solide à trois dimensions paraît se fonder surtout, chez Guilford, sur des considérations rationnelles. Il reste à utiliser plus souvent des schémas « en facettes » au niveau de l'analyse des données elles-mêmes. Chacune de ces facettes pourrait d'ailleurs prendre une forme plus complexe que la simple énumération de catégories utilisée par Guilford, et adopter par exemple une organisation « hiérarchique ».

L'usage d'un schéma comportant plusieurs facteurs généraux à un certain domaine peut être considéré comme une forme de schéma en facettes. Il n'entre pas en contradiction avec les schémas n'utilisant, pour ce domaine, qu'un seul facteur. Il permet seulement une analyse plus fine dissociant, si cela est possible de façon stable, le « conglomérat » que peut représenter, selon l'expression de Cattell, le facteur général unique primitif que l'on peut toujours considérer comme une approximation provisoire.

3. *L'organisation des aspects non cognitifs de la conduite*

Les auteurs des travaux dont nous allons évoquer les résultats considèrent souvent qu'ils étudient la structure ou les dimensions de la personnalité ou de la motivation. Le problème a été abondamment débattu de savoir quels rapports existaient entre l'intelligence et les aptitudes d'une part, la personnalité et la motivation (ou les intérêts) d'autre part ; on a également discuté pour savoir si ce problème se posait. Beaucoup d'auteurs considèrent que le terme personnalité renvoie à l'organisation dynamique des aspects cognitifs et non cognitifs de la conduite, en soulignant le caractère intégré de ces différents aspects, et parfois le fait que chaque individu réalise ainsi une intégration qui lui est propre (M. Reuchlin, 1981, chap. 8).

Cette façon de définir le mot personnalité peut conduire à étudier l'intelligence comme un trait de la personnalité (R. B. Cattell).

Mais le mot a été longtemps employé, et l'est encore souvent, dans un sens plus limité, s'appliquant alors aux processus de structuration et d'intégration et non au matériel structuré ou aux fonctions intégrées. C'est en ce sens que l'on parle en général d'épreuves, de questionnaires, d'échelles de personnalité, et nous serons surtout concernés ici par l'étude factorielle de l'organisation des conduites observées grâce à ces instruments. Nous considérerons que l'unité de cette catégorie de situations expérimentales réside dans le fait qu'elles ne présentent en général au sujet observé aucune difficulté de type cognitif. Par suite, l'organisation des conduites que ces situations permettront éventuellement de mettre en évidence concernera un aspect de ces conduites qui présentera, au niveau expérimental, un assez large degré d'indépendance avec les organisations décrites dans les pages précédentes.

Les résultats obtenus par la méthode différentielle dans ce domaine de la psychologie générale se présentent de nouveau sous des formes diverses, pour des raisons dont beaucoup sont communes avec celles qui ont été déjà invoquées dans le domaine cognitif. Cette diversité pourra être illustrée ici par quelques indications concernant les travaux de R. B. Cattell et ceux de H. J. Eysenck.

Les travaux réalisés par Cattell et ses collaborateurs à l'Université de l'Illinois présentent un caractère tout à fait exceptionnel par leur volume, par l'originalité et dans certains cas par la hardiesse des techniques qu'ils mettent en œuvre, par l'ambition du plan rigoureux et systématique qui préside à leur déroulement, par l'unité de la doctrine qui les inspire.

Cattell est probablement le psychologue qui a fait les tentatives expérimentales les plus systématiques pour apporter une solution au problème posé par l'échantillonnage des variables. Sous la dénomination de « sphère de la personnalité », il a proposé une définition de la population des traits de personnalité dont chaque analyse étudie un échantillon. Il a utilisé à cette fin l'ensemble des vocables figurant dans la langue anglaise pour dénommer ces traits (1946). Au niveau de l'expérimentation, il a systématiquement utilisé trois moyens pour estimer ces traits : des échelles d'estimation énumérant les traits et permettant à un « estimateur » (ou plus souvent à *deux* estimateurs) connaissant bien le sujet de classer celui-ci au-dessus ou au-dessous de la moyenne pour le trait considéré (données « L-R », c'est-à-dire *life-record*) ; des questionnaires auxquels le sujet est appelé à répondre directement (données « Q »), questionnaires dont le plus utilisé est le 16 PF, ainsi nommé parce qu'il fournit seize facteurs de personnalité ; des tests moteurs et perceptifs destinés à fournir des données objectives sur la personnalité (données « T »). Des analyses factorielles très nombreuses, utilisant souvent plusieurs types de données et un nombre de variables largement supérieur à celui qu'utilisent habituellement les travaux de ce genre, ont été réalisées sur des populations différentes.

Les résultats de ces analyses sont systématiquement recoupés de façon à conserver seulement, dans les résultats définitifs, des facteurs ayant été observés sur des données de types différents et sur des populations différentes de sujets. L'analyse factorielle est en outre utilisée selon des « plans » différents. Elle porte non seulement sur des corrélations calculées entre données recueillies sur des sujets différents (plan classique R), mais également sur des corrélations entre sujets (plans Q) et aussi sur des corrélations dans les variations temporelles de plusieurs données observées sur un même sujet (plan P).

Ces techniques ont permis de rassembler une masse considérable de résultats dont la description occupe plusieurs gros volumes et de très nombreux articles. La lecture en est rendue difficile par l'emploi généreux de néologismes, par de constants renvois pratiqués d'une publication aux autres, et par le volume même des textes dont il faudrait parvenir à prendre une vue d'ensemble. Voici cependant quelques indications sur certains de ces résultats, qui s'expriment d'abord sous la forme de facteurs obliques, sur lesquels sont pratiquées ensuite des analyses de second et même de troisième ordre.

Les données L-R ont permis de dégager quinze facteurs dont plusieurs seront retrouvés dans des analyses utilisant d'autres types de données. Les six premiers, que nous énumérerons ci-dessous, sont les plus importants (en termes de variance expliquée) et les plus stables. Nous ne prétendons pas en fournir une description précise, qui ne peut être trouvée que dans les publications de Cattell.

A) Schizothymie-Cyclothymie (ce trait paraît opposer une attitude ouverte, des contacts faciles, à une attitude réservée, « renfermée »).

B) Intelligence, envisagée non pas seulement sous ses aspects cognitifs, mais comme un complexe de qualités intellectuelles et affectives.

C) Force du moi, opposée au névrosisme ou neuroticisme (conduite stable, maturité, opposée à une conduite émotionnelle, instable).
D) Excitabilité, opposée à sûreté (degré de contrôle de la conduite).
E) Dominance, opposée à soumission.
F) *Surgency* (expansivité) opposé à *Desurgency* (non-expansivité) : gaieté, optimisme, opposés à dépression.

En analysant des données Q, Cattell et ses collaborateurs dégagent dix-neuf facteurs, dont douze sont identifiés à des facteurs déjà obtenus par l'analyse de données L-R.

Les analyses portant sur les résultats de tests objectifs (données T) aboutissent à des résultats moins nets et moins stables, et beaucoup de commentateurs expriment des réserves sur l'intérêt que ces résultats présentent. Cependant, on aurait tort de sous-estimer l'importance accordée par Cattell à la signification qui s'attache à un grand nombre de liaisons statistiques cohérentes, même dans les cas où chacune de ces liaisons est faible. Signalons, à titre d'exemple, les multiples recoupements effectués par Cattell à propos de l'un de ces facteurs, désigné par l'opposition « Moi affirmé-Moi discipliné ». Les sujets qui ont une note élevée dans ce facteur sont des sujets rapides dans les tâches psychomotrices, perceptives et les situations sociales ; ils ont un niveau d'aspiration élevé, résistent à la fatigue et aux pressions s'exerçant sur leurs opinions ; leur rendement est relativement peu affecté par la frustration, la désapprobation ou la distraction ; ils sont constitutionnellement forts et bien développés ; ils réussissent mieux dans leurs études ou leur formation professionnelle. Les notes dans ce facteur sont en corrélation avec celles obtenues dans d'autres facteurs estimés à l'aide de différents questionnaires. Ces résultats ont été obtenus à l'issue de quatorze analyses factorielles portant sur autant de populations différentes (dix concernant des adultes et quatre des enfants).

On a parfois l'impression que les critiques adressées aux travaux de Cattell, fondées dans certains cas, font cependant bon marché de l'étendue et de la cohérence d'un ensemble de travaux dont on ne trouve nulle part ailleurs l'équivalent.

Ces travaux utilisent d'abord des facteurs obliques, et ils contribuent ainsi à augmenter le nombre de facteurs que les psychologues utilisant l'analyse factorielle sont amenés à invoquer pour décrire et expliquer l'organisation des conduites. Cattell est très conscient de ce problème de l' « émiettement », voire de l'incohérence, du tableau général des conduites, problème qui a été évoqué plus haut à propos des conduites cognitives. Il signale clairement les sources de cette difficulté (nécessité de définir la population des variables, de ne pas mêler des facteurs de niveaux différents, etc.). Il propose notamment, pour la surmonter, l'adoption d'un *Index universel pour les facteurs psychologiques* qui rassemblerait, selon une terminologie unifiée, tous les facteurs ayant été retrouvés indépendamment dans un certain nombre d'analyses. Cette proposition n'a pas reçu une application étendue. Dans ses propres travaux, Cattell utilise cet Index et procède à des analyses de second ordre (portant sur les facteurs obliques). Ces analyses offrent probablement un moyen bien meilleur de conserver une structure générale de type hiérarchique à l'ensemble progressivement enrichi des résultats de l'analyse factorielle. Les facteurs de second ordre les plus solidement établis concernent : un trait d'introversion-extraversion et un trait d'intégration ou adaptation opposée à l'anxiété. Ces traits présentent une incontestable ressemblance avec ceux qui ont été obtenus par H. J. Eysenck.

H. J. Eysenck utilise beaucoup plus souvent que Cattell des populations de malades, et l'interprétation de ses facteurs s'inspire plus souvent de la psychopathologie. Il emploie, en général, les méthodes factorielles anglaises fournissant directement une hiérarchie de facteurs d'importance décroissante, alors que Cattell ne parvient à des résultats de cette forme qu'à l'issue d'une analyse de second ordre portant sur des facteurs obliques. Mais Eysenck (comme Cattell d'ailleurs) admet l'équivalence des différentes techniques d'analyse. Il a procédé, en 1960, à une large revue des résultats obtenus par différents psychologues utilisant l'analyse factorielle dans le domaine de la personnalité et a cru distinguer, sous la diversité des techniques, une convergence de ces résultats qui seraient compatibles, dans leur ensemble, avec les plus larges des facteurs qu'il propose lui-même.

Eysenck a donné des noms aux différents niveaux de la hiérarchie factorielle qu'il utilise. Il appelle « types » les facteurs les plus larges, les facteurs des autres niveaux, considérés en ordre descendant, étant dénommés respectivement des « traits », des « réponses habituelles » et des « réponses spécifiques ». L'intérêt que présente l'emploi de ces dénominations est contestable. Chacune de ces appellations évoque un contenu additionnel emprunté au langage courant, ce qui rend sans doute la présentation du système plus attractive pour un non-spécialiste. Mais rien, dans la technique de l'analyse factorielle, ne permet d'établir cette discontinuité qualitative entre les différents niveaux d'une hiérarchie. L'emploi du mot « type » est particulièrement regrettable. Il peut entraîner une confusion entre ces dimensions des conduites que sont les facteurs, et d'éventuelles particularités observées dans une distribution pluridimensionnelle, qui correspondent habituellement à la notion de type.

Les deux facteurs les plus généraux, par rapport auxquels chaque individu (et notamment chaque malade) doit être d'abord situé, sont l'introversion-extraversion et le neuroticisme. Eysenck a construit un questionnaire permettant la mesure de ces deux facteurs, l'E.P.I. *(Eysenck Personality Inventory)*.

Le facteur bipolaire introversion-extraversion correspond, dans le domaine pathologique, à une dimension allant de la

« dysthymie » à l'hystérie. Les personnes qui se situent à proximité du pôle « introversion » s'opposent à celles qui se trouvent au voisinage du pôle opposé par les traits suivants : anxiété, dépression, irritabilité, tendances obsessionnelles, facilement froissées, se tiennent à l'écart en société, timidité, intelligence élevée, n'aimant pas les plaisanteries et surtout pas les plaisanteries sexuelles, etc. On pourra rapprocher ce premier facteur de la typologie de C. G. Jung fondée sur la distinction entre un type introverti et un type extraverti.

Le facteur neuroticisme (ou névrosisme) prend des valeurs moyennes différentes lorsqu'on compare un groupe de malades et un groupe de normaux. Les observations psychiatriques les plus caractéristiques de ce facteur sont les suivantes : personnalité mal organisée, anomalies antérieures à la maladie, manque d'énergie, étroitesse des intérêts, parents anormaux, etc. C'est un facteur d'instabilité émotionnelle, qui paraît être l'opposé du facteur de stabilité affective ou émotionnelle *w* qui avait été invoqué antérieurement par Spearman et Webb.

Pour Eysenck, la distribution de ces deux facteurs dans la population est continue et normale. Comme il a été dit, le schéma utilisé par Eysenck est de forme hiérarchique. C'est ainsi que le « type » introversion est constitué par les « traits » suivants : persistance, rigidité, subjectivité, timidité, irritabilité. Au-dessous de ces traits, les « réponses habituelles » sont celles que le sujet donne de façon répétée lorsqu'il est placé plusieurs fois dans la même situation.

Ces brèves allusions aux œuvres de Cattell et d'Eysenck suffisent peut-être à montrer qu'elles ne sont pas contradictoires quant à leurs résultats les plus généraux : les deux facteurs de second ordre les mieux établis par Cattell paraissent bien correspondre aux deux principaux facteurs d'Eysenck. On trouverait d'ailleurs, dans d'autres typologies, des dimensions pouvant être rapprochées de celles que l'analyse factorielle met ainsi en évidence. Mais cette convergence ne s'établit qu'à un niveau assez grossier. Une analyse plus précise et plus fine révélerait de nombreux points de divergence ou d'incertitude. Les raisons qui ont été invoquées pour l'organisation des conduites cognitives continuent à jouer pour expliquer ces divergences : échantillonnage des variables et des sujets, divergences techniques dans les méthodes d'analyse. Une autre raison apparaît, ou au moins s'aggrave, dans le domaine de la personnalité : l'instabilité des données recueillies par les différents moyens d'observation dont le psychologue dispose, et notamment par ceux qui paraissent les plus objectifs et les plus prometteurs, les tests sensori-moteurs et perceptifs. Il est vraisemblable que, dans le domaine cognitif, les possibilités et les limites d'un individu sont définies plus nettement et qu'elles se traduisent de façon plus directe dans l'organisation de ses conduites. Les facteurs intervenant dans l'aspect non cognitif des conduites sont sans doute plus nombreux et en interactions plus complexes. Le psychologue doit accepter ici des analyses plus molaires, dont la relative stabilité peut être de nature statistique, ou attacher plus de valeur aux faits se traduisant par un nombre élevé de liaisons faibles.

Les recherches sur les *intérêts* sont en général plus limitées dans leurs ambitions théoriques. Elles n'en ont pas moins mis en évidence des différences individuelles importantes, cohérentes et stables. Les épreuves utilisées offrent aux sujets un choix entre plusieurs matières scolaires, plusieurs professions, plusieurs activités de loisirs. L'analyse statistique des réponses (analyse en groupes, analyse factorielle) montre leur cohérence : elles diffèrent peu, chez un même sujet, pour des questions différentes portant sur une catégorie telle que : travail en plein air, mécanique, calcul, science, persuasion, art, service social, emploi de bureau, etc. Par contre, les sujets diffèrent les uns des autres quant aux préférences qu'ils expriment à l'égard de ces différentes catégories d'intérêts. Des questionnaires d'intérêts ont été proposés notamment par G. F. Kuder, E. K. Strong,

J. L. Holland et, en France, pour les enfants et les adolescents, par S. Larcebeau. Ce dernier auteur a pu en particulier mettre en évidence la relative stabilité des intérêts de l'enfance à l'adolescence. Un ouvrage de J.-B. Dupont, F. Gendre, S. Berthoud, J.-P. Descombes (1979) présente une revue de travaux portant sur les intérêts.

4. *Les styles cognitifs*

A une date relativement récente se sont développés de façon considérable des travaux décrivant des modalités d'organisation des conduites s'étendant à la fois aux deux domaines, cognitif et non cognitif, que nous avons distingués dans ce qui précède. Ces modalités d'organisation sont désignées le plus souvent par l'expression « styles cognitifs ». Elles sont en effet décrites d'abord comme des modalités de saisie et de traitement de l'information. Mais ces aspects cognitifs se trouvent associés à des modalités plus générales d'adaptation concernant entre autres les relations sociales et les « défenses » mises en œuvre par l'individu contre les agressions, les conflits ou les frustrations.

Les travaux les plus anciens sont ceux de H. A. Witkin et de son groupe (M. Huteau, 1987). Ils ont commencé par des recherches de perception de la verticale dans des conditions telles que le champ perceptif était susceptible d'entraîner une erreur systématique d'appréciation (la verticale devant être définie dans un cadre ou dans une chambre inclinés, le sujet lui-même pouvant être assis sur un fauteuil incliné). Dans ces conditions, on constate des différences individuelles importantes dans les erreurs : certains sujets se révèlent beaucoup plus indépendants à l'égard du champ que d'autres. Ces différences se retrouvent de façon cohérente lorsque les mêmes individus subissent plusieurs épreuves de ce type. L'indépendance à l'égard du champ tend à être plus grande en moyenne chez les hommes que chez les femmes. Si l'on constitue deux groupes de sujets différant quant à ce caractère, ils tendent à se différencier aussi à l'égard de plusieurs autres : réussite dans d'autres épreuves perceptives (discerner une figure cachée dans un dessin qui la rend difficile à isoler), modalités de fonctionnement intellectuel (plus analytiques chez les sujets indépendants du champ), perception plus ou moins articulée du corps propre, sens plus ou moins développé de l'identité à l'égard des autres, défenses contre l'anxiété utilisant plutôt l'analyse et l'intellectualisation que le refus et la répression globale. Différentes formes de troubles pathologiques n'apparaissent pas avec la même fréquence chez des sujets plus ou moins indépendants à l'égard du champ.

L'indépendance à l'égard du champ n'est plus alors qu'une manifestation, dans le domaine perceptif, d'une dimension s'étendant beaucoup plus largement, que Witkin, dans ses travaux ultérieurs, désigne par ses deux pôles : aspect « global-articulé » du fonctionnement cognitif. Au cours du développement, l'évolution se fait du plus global vers le plus articulé par un processus de « différenciation ». Ce processus pourrait être facilité ou inhibé par les pratiques éducatives familiales.

D'autres auteurs ont distingué d'autres styles cognitifs, ou d'autres dimensions suivant lesquelles les individus se différencient quant à leurs processus cognitifs. J. Kagan distingue un style réfléchi d'un style impulsif (tempo conceptuel) ; et différents styles de construction de concepts. R. Gardner met en évidence plusieurs « contrôles cognitifs » : degré d'articulation s'établissant entre stimuli successifs *(leveling-sharpening)*, degré de tolérance à l'égard de perceptions dont on sait qu'elles ne traduisent pas la réalité physique, degré d'étendue de la marge sur laquelle des stimuli différents sont jugés équivalents, tendance à restreindre le champ de la conscience et à séparer les affects des idées *(focusing)*, degré de sélection écartant les stimuli contradictoires ou perturbateurs.

Le développement de cette direction de travail ne séparant plus aspects cognitifs et aspects non cognitifs des différences individuelles est à rapprocher peut-être du développement d'une psychologie psychanalytique du Moi (H. Hartmann, D. Rapaport). C'est une autre illustration de relations s'établissant entre l'édification d'une théorie générale et l'utilisation de cette théorie au niveau différentiel. M. Huteau (1984) a publié un ouvrage d'ensemble sur les rapports entre cognition et personnalité.

5. *Eléments de psychophysiologie différentielle*

Des différences individuelles stables dans la configuration des réponses physiologiques à certaines situations ont été mises en évidence (J. I. Lacey, M. M. Schnore, etc.). L'expérience consiste à mesurer d'abord un certain nombre d'indices sur un sujet à l'état de repos : fréquence cardiaque, pression sanguine, conductance palmaire, fréquence respiratoire, température de la peau, etc. Le sujet est alors soumis à ce qu'il est convenu d'appeler une « agression » *(stress)* : son pied est plongé dans l'eau froide, ou on lui demande d'exécuter rapidement un calcul mental, d'énoncer rapidement le plus grand nombre possible de mots, etc. On enregistre alors une certaine variation des indices physiologiques précédemment mesurés à l'état de repos. On peut dresser le « profil » de ces variations pour l'individu considéré : il suffit de placer côte à côte en abscisse les différents indices et de reporter sur l'échelle des ordonnées le sens et l'amplitude de la variation de chacun d'eux[1]. On

1. Quelques problèmes se posent pour décrire ces différences de façon telle que leur configuration ait un sens. On peut exprimer, sur une échelle réduite, les écarts entre la variation observée et la variation attendue. Celle-ci est déterminée par la régression de la valeur prise par l'indice après l'agression sur la valeur de ce même indice au repos, pour l'ensemble des sujets constituant le groupe expérimental.

fait alors la constatation suivante : une personne donnée présente de façon stable un certain profil, alors que les profils de deux personnes différentes placées dans la même situation sont en général différents.

Il s'agit là d'un fait présentant un grand intérêt et qui a conduit certains auteurs à parler de « personnalité physiologique ». Mais l'explication de ce fait, c'est-à-dire la mise en évidence du mécanisme responsable de la stabilité individuelle des réponses au *stress*, et de leur variabilité interindividuelle, reste à découvrir.

D'autres recherches de psychophysiologie différentielle ont justement permis de progresser dans l'explication des différences observées dans certains comportements. On sait par exemple qu'il est possible de constituer par sélection deux lignées de rats qui, élevés exactement dans les mêmes conditions, diffèrent largement dans leur aptitude à l'apprentissage d'un labyrinthe (R. C. Tryon). On a pu constater des différences biochimiques en étudiant le cerveau des rats de ces deux lignées : l'acétylcholine (qui joue un rôle dans la transmission synaptique) présente une concentration plus grande dans le cerveau des rats de la lignée la plus apte à l'apprentissage. Si les rats sont élevés dans des milieux différant quant à la complexité des stimulations qu'ils offrent et des activités qu'ils permettent, on constate également des différences morphologiques et biochimiques sur le cerveau des rats élevés dans des conditions de milieu différentes. Ces différences associées aux différences de milieu sont plus marquées dans la lignée des rats les plus aptes (M. R. Rosenzweig et coll.).

La psychophysiologie n'offre pas seulement dans le domaine différentiel des données de fait. Elle offre aussi des théories ou hypothèses générales susceptibles d'être utilisées — et par là confirmées ou enrichies — sur le plan différentiel. On retrouve la démarche générale qui paraît devoir être la démarche fondamentale de la psychologie différentielle moderne, démarche que nous avons eu et aurons l'occasion d'illustrer dans d'autres domaines. En voici deux exemples.

On sait quelle a été l'importance de la découverte du conditionnement par I. P. Pavlov, en ce qui concerne toute la psychologie générale des processus d'acquisition. Dans sa théorie générale du conditionnement, Pavlov fait intervenir deux processus hypothétiques : l'excitation, processus actif qui est supposé être à l'origine d'une réaction de l'organisme ; l'inhibition, autre processus actif dont on suppose qu'il exerce un effet opposé à celui de l'excitation, en empêchant une réaction ou en diminuant sa force. Pavlov lui-même avait observé de larges différences individuelles entre les chiens qui lui servaient de sujets d'expérience et il avait proposé d'expliquer ces différences en utilisant les notions d'excitation et d'inhibition empruntées à sa théorie générale. Il distinguait ainsi, en 1927, trois types différents de systèmes nerveux : ceux qui sont marqués par une prédominance de l'un des deux processus généraux, et ceux qui sont équilibrés. Ce type équilibré (ou central) se subdivisait lui-même en deux sous-groupes d'animaux dont les uns étaient très calmes et les autres très animés. Pavlov suggérait d'étendre cette typologie à l'homme. Ses élèves et successeurs (B. M. Teplov, V. D. Nebylitsyn, V. I. Rojdestvenskaya, etc. Voir V. D. Nebylitsyn et J. A. Gray, 1972) ont repris l'idée d'utiliser les concepts de la théorie générale du conditionnement pour étudier les différences individuelles. Mais plutôt que de chercher à discerner un nombre limité de groupes typiques d'individus, dans la tradition d'Hippocrate (dont Pavlov se réclamait), ils cherchent à analyser les propriétés du système nerveux. Ces recherches utilisent comme méthode l'analyse des différences entre individus au cours d'expériences de conditionnement choisies de façon à mettre à l'épreuve un certain nombre d'hypothèses relatives aux propriétés recherchées : *force* du système nerveux (capacité de supporter des stimulations intenses et prolongées), *équilibre* (prédominance relative des processus d'excitation ou d'inhibition), *mobilité* (vitesse avec laquelle un état d'excitation peut se substituer à un état d'inhibition ou *vice versa*). De nombreux indices sont recueillis au cours d'expériences de conditionnement, indices dont les hypothèses permettent d'attendre qu'ils varient de façon associée lorsqu'on passe d'un individu à un autre : tous ceux qui, dépendant hypothétiquement de la force du système nerveux, par exemple, doivent être associés dans leurs variations, puisqu'ils doivent tous croître lorsqu'on passe d'un individu faible à un individu plus fort, et *vice versa*. On voit qu'il s'agit d'un problème dont la forme est identique à celle d'un grand nombre de problèmes relatifs à l'organisation des différences individuelles et qui sont depuis longtemps étudiées par l'analyse factorielle. Cette méthode a d'ailleurs été utilisée par certains psychologues soviétiques pour vérifier que plusieurs indicateurs de la « force » du système nerveux présentaient bien entre eux des corrélations dont il était possible de rendre compte par un seul facteur. A une date plus récente, des recherches utilisant les mêmes notions ont été réalisées à Varsovie sous la direction de J. Strelau. Elles ont évolué vers l'utilisation d'un questionnaire de tempérament.

Voici un second exemple dans lequel l'existence et la nature de certaines différences individuelles dans le comportement sont expliquées par des hypothèses psychophysiologiques. Nous avons rappelé plus haut l'existence d'un facteur introversion-extraversion proposé par Eysenck pour décrire une certaine dimension interindividuelle des aspects non cognitifs de la conduite. Dans son ouvrage intitulé *The Biological Basis of Personality* (1967), Eysenck propose d'expliquer ces différences observables dans les comportements molaires, dans les situations de la vie quotidienne, par une hypothèse relative à l'activité de la formation réticulaire du tronc cérébral et du thalamus. On sait que les messages nerveux provenant des organes des sens atteignent par des voies spécifiques les zones corticales spécialisées dans l'analyse de l'information apportée par ces messages. Mais des voies collatérales se détachent de ces voies spécifiques et viennent se perdre dans une masse de neurones enchevêtrés constituant la formation réticulaire. Les influx qui y parviennent perdent tout caractère spécifique et contribuent seulement au maintien d'un certain niveau d'activité nerveuse de cette formation (tonus réticulaire). Des voies réticulo-corticales permettent à la formation réticulée de maintenir dans le cortex cérébral un certain niveau d'activité dont l'expérience a montré qu'il était indispensable à son fonctionnement. Mais il existe aussi des voies cortico-réticulaires permettant au cortex d'exercer un contrôle inhibiteur sur le tonus réticulaire. On peut chercher une explication à la dimension extraversion-introversion, dans le fonctionnement de cette boucle réticulo-cortico-réticulaire. Chez les individus pour lesquels l'inhibition d'origine corticale l'emporte, des stimuli extérieurs nombreux seront supportables, voire nécessaires, et ces individus manifesteront un comportement extraverti. Chez les individus pour lesquels l'activation corticale d'origine réticulaire est prédominante, des stimuli nombreux et intenses seront insupportables et ces individus s'en protègeront par un comportement introverti. Il est possible également que l'intensité des messages sensoriels afférents puisse être contrôlée avant qu'ils ne parviennent au cerveau et que les variations interindividuelles dans les modalités de ce contrôle contribuent à expliquer le facteur extraversion-introversion.

On notera que les deux exemples qui précèdent ne sont pas indépendants. Pour l'école néo-pavlovienne, les individus diffèrent quant à la « force » de leur système nerveux, entendue comme capacité de supporter des stimulations intenses. Les comportements extravertis traduisent cette capacité, et les différences individuelles quant à l'extraversion-introversion peuvent donc s'expliquer par des différences dans la force du système nerveux. Les hypothèses relatives à l'activité de la formation réticulaire paraissent faire un pas de plus dans l'explication, en proposant un mécanisme théorique susceptible de rendre compte du fait que certains systèmes nerveux supportent mieux que d'autres des stimulations intenses.

Il sera signalé plus loin, à propos des différences liées au sexe, les hypothèses relatives au rôle joué, dans cette différenciation, par la spécialisation fonctionnelle hémisphérique (chacun des deux hémisphères du cerveau étant doté de capacités particulières dans le traitement de l'information).

Chapitre IV

Le groupement des individus

A) Groupements fondés « a posteriori » sur l'organisation d'un ensemble de conduites : les types

1. *La notion de type*

L'étude de l'organisation des conduites consiste à constater l'existence de catégories ou classes de conduites, ou à vérifier des hypothèses dont on peut déduire l'existence de telles catégories. Chaque catégorie a pu être résumée ou, en un certain sens, expliquée, par une variable hypothétique constituant une dimension sous-jacente des conduites observables.

Cette démarche est beaucoup plus abstraite que celle qui consiste à rechercher des catégories d'individus. La « ressemblance » entre certains individus, tant en ce qui concerne leur apparence physique qu'en ce qui concerne leur façon de se conduire, est une expérience très commune et sûrement très primitive. On ne s'étonnera donc pas de trouver dès l'Antiquité des tentatives pour énumérer des catégories dont chacune recevrait des individus se ressemblant davantage que ne se ressemblent des individus rangés dans des catégories différentes. On a pu se borner à constater que de telles catégories d'individus paraissaient exister, ou bien présenter des hypothèses visant à les expliquer (comme le font déjà les médecins grecs), ou encore se préoccuper surtout d'en tenir compte dans l'organisation de la société (Platon).

Dans la période moderne, ces catégories d'individus se ressemblant sont dénommées des *types*, et des études typologiques ont été réalisées en biométrie, en anthropologie et en particulier en psychologie différentielle. La définition du type devient difficile dès que l'on cherche à la préciser. En fait, la notion de type a plusieurs contenus différents, ce qui n'a pas manqué de susciter une grande confusion dans ce domaine d'étude. Les contenus de la notion de type diffèrent au moins à trois points de vue : on peut utiliser, pour comparer les individus, une ou plusieurs dimensions ; on peut postuler ou non une discontinuité dans la distribution de ces dimensions au sein de la population ; on peut considérer que le type doit résulter d'une constatation, ou bien qu'il est un schéma idéal, un modèle.

C'est le plus souvent sous l'angle de *plusieurs* caractères différents envisagés simultanément que les individus sont comparés, dans les travaux typologiques. On pourrait dire que ces travaux concernent, dans la plupart des cas, une différenciation généralisée des individus et des groupes, et l'on comprend que les méthodes d'analyse statistique « multivariées » devraient être utilisées dans ces travaux. Les variables utilisées sont souvent constituées en partie par des mesures somatiques, en partie par des mesures ou des appréciations psychologiques. Il existe cependant des typologies utilisant seulement l'une ou l'autre de ces deux catégories d'observations, et E. Schreider a pu présenter son ouvrage de 1937 sur *Les types humains* en trois volumes consacrés respectivement aux types somatiques, aux types psychologiques et aux types somatopsychiques. L'une des préoccupations les plus anciennes et les plus fréquentes des typologistes reste bien néanmoins l'établissement de rapports entre une certaine conformation corporelle et une certaine façon générale de se comporter. Ces rapports peuvent s'expliquer par des facteurs constitutionnels sous-jacents, et cette catégorie d'hypothèses explicatives est souvent utilisée, surtout dans les travaux anciens. Des hypothèses relatives à l'influence du milieu sont aussi invoquées, ce qui conduit à ajouter aux mesures somatiques et psychologiques un troisième groupe de mesures relatives aux conditions de milieu. C'est notamment ainsi que sont organisées les enquêtes de ce que l'on a appelé l' « école biotypologique française » (H. Laugier, D. Weinberg, E. Schreider, etc.). Ces travaux, réalisés dans la décennie précédant la seconde guerre mondiale, préfigurent certaines enquêtes récentes de psychologie différentielle au cours desquelles de très nombreuses variables, empruntées à des disciplines différentes (psychologie, pédagogie, sociologie, économie, etc.), ont pu être utilisées grâce aux méthodes récentes de traitement automatique de l'information. Les travaux de ce genre s'écartent de façon importante de la tradition classique des études typologiques. Ajoutons que, dans leurs aspects psychologiques, ces études classiques concernent le plus souvent la personnalité, c'est-à-dire les différentes formes d'intégration des conduites qui peuvent être observées chez les sujets normaux ou chez les malades. Les travaux particuliers concernant par exemple des types ou des styles de raisonnement sont beaucoup plus rares.

Il est tout à fait exceptionnel que l'on utilise la notion de type à partir d'un seul caractère observé, et que l'on oppose par exemple un type « grand » à un type « petit ». Par contre, Eysenck a pu soutenir l'idée qu'une typologie telle que l'opposition entre « introvertis » et « extravertis » (C. Jung) pouvait se représenter par un facteur bipolaire, chaque individu occupant une certaine place sur cette variable hypothétique unique introversion-extraversion. C'est une façon de ramener la notion de type à la notion de dimension, et G. Ekman a défendu un tel point de vue, notamment à propos de la typologie de Sheldon. Il est douteux qu'il y ait intérêt à confondre ainsi la notion de dimension et celle de type. On ne peut le faire que par l'intermédiaire des corrélations entre variables, et c'est bien dans cet esprit qu'Eysenck définit le type comme « un groupe de traits en corrélations » (1953). Or, le fait que deux caractères tendent statistiquement à apparaître ensemble chez les mêmes individus (ou tendent à s'exclure l'un l'autre) n'entraîne pas nécessairement qu'une corrélation au sens précis du mot existe entre les deux dimensions sur lesquelles ces caractères sont mesurés. Il faudrait, pour qu'il en soit ainsi, prendre le mot « corrélation » dans un sens extrêmement vague et général, comme le fait Kretschmer (1948) lorsqu'il assimile groupements d'observations et corrélation, mais comme ne devrait pas le faire un utilisateur de l'analyse factorielle comme Eysenck. Les figures 1, 2 et 3 illustrent la difficulté.

Dans la figure 1, on a supposé que les conditions formelles

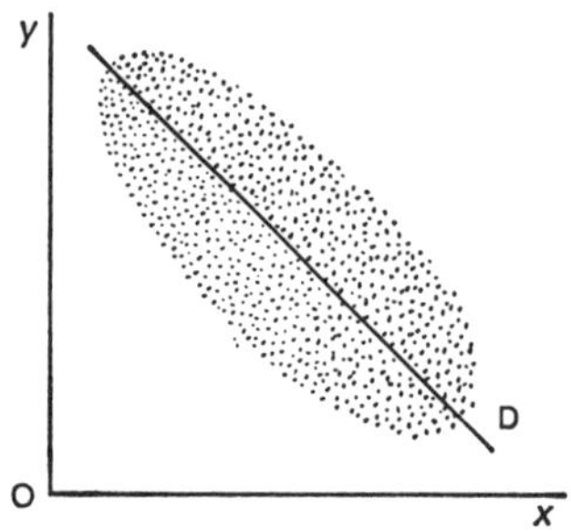

FIG. 1

qui sont requises pour le calcul d'un coefficient de corrélation (normalité de chaque variable et de leur distribution bivariée, rectilinéarité de la régression) sont respectées. Une corrélation négative existe entre les deux dimensions x et y. On peut décrire les données en disant que les individus se distribuent le long d'une dimension unique, figurée par D, dont l'une des extrémités est définie par un x fort et un y faible (grande taille et faible poids, par exemple) et l'autre extrémité par un x faible et un y fort (petite taille et poids élevé, par exemple). Dans ce premier cas, une typologie bipolaire peut bien être décrite par une corrélation et ramenée à une dimension unique.

Il n'en va plus de même dans la figure 2. Les individus qui ont un y faible se divisent en deux groupes, dont l'un a un x faible et l'autre un x fort. La distribution est cependant continue, la combinaison la plus fréquente étant celle d'un

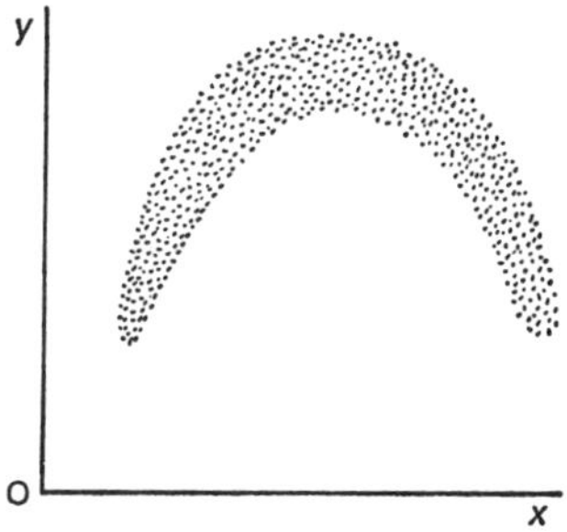

FIG. 2

x moyen avec un y élevé. On ne peut plus ici calculer de corrélation en un sens aussi fort que dans la figure 1. Le rapport de corrélation qu'il est peut-être possible de calculer ne nous fournira aucun renseignement sur la forme de la régression et, par conséquent, sur l'existence des deux « types » extrêmes.

Il ne saurait être question non plus de calculer une corrélation entre x et y si les observations se distribuaient comme sur la figure 3. Nous aurions cependant dans ce dernier cas trois groupes d'individus bien différenciés, trois types, dont l'étude relèverait de l'analyse multivariée.

Il paraît donc préférable de ne pas confondre la notion de dimension et celle de type et de considérer les dimensions comme le cadre de référence permettant de décrire la distribution d'une série d'observations, distribution dont certaines particularités peuvent éventuellement permettre de parler de types.

On pourra le faire, en un certain sens, en considérant comme « typiques » les observations qui occuperont des positions extrêmes dans une distribution continue et à un seul mode, comme nous l'avons fait, figure 1, pour une distribution à deux dimensions.

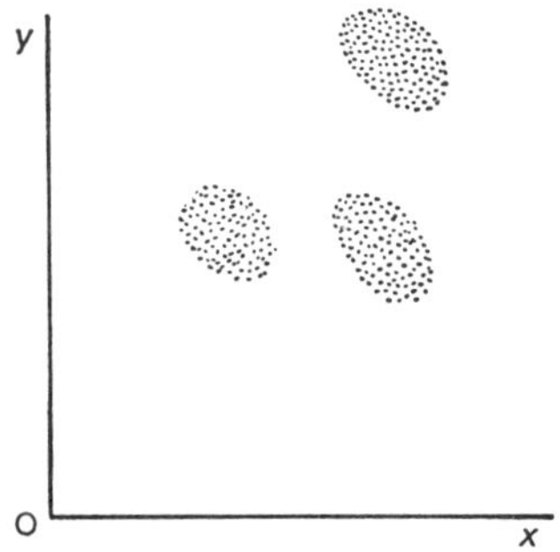

FIG. 3

On pourra le faire, en un autre sens, en considérant comme typiques les observations qui se situeront au voisinage de la valeur modale. Si la distribution présente plusieurs modes, elle révélera, en ce second sens, la présence de plusieurs types. A la limite, cette pluri-modalité entraînera une discontinuité dans la distribution, comme dans la figure 3.

Tous les intermédiaires sont donc possibles entre une distribution continue et une distribution discontinue et l'on ne pourrait opposer deux conceptions du type qui se distingueraient à cet égard[1]. Par contre, la concep-

1. Il n'est peut-être pas superflu de souligner, en outre, qu'une série de points-observations définis sur plusieurs dimensions peuvent fournir sur chacune d'elles une distribution continue et unimodale et cependant présenter une distribution multivariée pluri-modale ou même discontinue.

tion « polaire » et la conception « modale » du type se distinguent fondamentalement.

La conception modale est la plus concrète. Elle est descriptive. On constate que des observations relativement plus nombreuses se rassemblent autour de certains points définis par certaines coordonnées dans l'espace des dimensions utilisées. Comme toute description statistique, cette conception du type permet une prévision : si un individu se situe, en fonction de certaines dimensions connues, au voisinage d'un type il aura plus de chances que les autres de se trouver aussi, sur les autres dimensions, au voisinage de ce type ; par exemple, s'il était vrai qu'à certaines formes du corps correspondent certains traits de personnalité, je pourrais faire une prévision quant à ces traits à partir du simple examen morphologique d'un individu inconnu. La question de savoir si des types ainsi compris existent ou non est une question de fait. On peut y répondre par une description appropriée d'un nuage de points-observations.

La conception polaire a un tout autre statut : dans la figure 1, très peu d'individus figurent aux deux extrémités de la droite D. Ces deux pôles peuvent même être définis idéalement, abstraitement, par des combinaisons de mesures (des coordonnées) qui ne s'observeront empiriquement jamais. De tels types théoriques constituent des modèles, des références par rapport auxquelles peuvent être situés les individus observés. Cette conception est celle de Kretschmer dans le passage suivant :

> « Tout comme en médecine clinique, en botanique et en zoologie, les cas « classiques » presque purs, chez lesquels les symptômes essentiels sont bien prononcés, les représentants d'un symptôme morbide ou d'un type racial, zoologique, etc., dans toute sa pureté, sont de rares et heureuses trouvailles.

C'est à peu près le cas de la figure 3. On ne peut donc contester l'existence de types (entendus au sens de la fig. 3) pour cette seule raison que la distribution des observations sur chacune des dimensions est continue, comme on l'a fait parfois dans le passé.

« Par conséquent, notre description de types utilise, non les cas les plus fréquents, mais les plus beaux exemplaires, les cas démonstratifs où se manifestent avec la plus grande netteté les caractères communs à la masse, mais dispersés. »

Une telle conception est, bien entendu, tout aussi légitime que la conception modale, descriptive, à condition qu'il ne s'établisse aucune confusion entre les fonctions pouvant être assumées par chacune d'elles. Le danger de confusion existe. On peut le mettre en évidence par une seconde citation de Kretschmer parfaitement (et, semble-t-il inconsciemment) contradictoire avec la précédente.

« Dans la nature, les transitions fluides constituent la règle, mais il ne serait pas vrai de dire que, dans cette mer infinie de formes empiriques fluides, on ne peut rien apercevoir de clair et d'objectif ; bien au contraire. Dans certains domaines, des groupements apparaissent, que nous rencontrons de façon répétée ; quand nous les étudions objectivement, nous comprenons qu'il s'agit là des points focaux de groupements fréquents de caractéristiques, de concentrations de traits corrélés... Ce que nous appelons, mathématiquement, des points focaux de corrélations statistiques, nous le dénommons, en langage plus descriptif, des types constitutionnels. »

De la conception non descriptive, idéale, du type, peut être rapprochée à certains égards une conception pratique, sociale. On considère en effet habituellement que, pour assumer certaines fonctions, un certain ensemble de caractères sont nécessaires. On dit, par exemple, de certains hommes qu'ils sont typiquement des chefs, des artistes, etc. Il peut y avoir, dans la population, peu d'individus correspondant à ces types, qui n'impliquent aucune particularité dans la distribution observée au sein de cette population pour les caractères dont il s'agit.

Le problème consistant à définir une typologie se pose en général à partir de plusieurs observations pratiquées toutes sur une série d'individus. D'un point de vue méthodologique très général, le problème consiste alors à mettre en évidence et à décrire les particularités de la répartition de ces individus dans un espace dont chaque modalité d'observation constitue une dimension.

Cette façon de poser le problème en langage géométrique ne répond cependant pas à l'esprit des méthodes typologiques les plus anciennes qui utilisent souvent une saisie globale, intuitive, des structures du corps ou de la conduite. Nuttin illustre, à juste titre, cette saisie intuitive globale par le procédé des « photographies composites » dont Galton fut l'inventeur et qui fut utilisé par D. Katz dans le domaine de la typologie. Il consiste à superposer un grand nombre de photographies d'individus différents appartenant par hypothèse au même type. Les traits individuels s'estompent alors que les traits communs sont renforcés, et l'on obtient une représentation globale du type « modal » sous-jacent à la diversité individuelle.

Une méthode d'observation globale et intuitive a été parfois recommandée par des typologistes s'inspirant d'une attitude médicale. Il est clair qu'une telle méthode ne peut avoir en elle-même de valeur scientifique, l'intuition échappant à tout contrôle formalisé. Cependant, elle peut fournir des hypothèses qui ne prendront un intérêt scientifique qu'au moment où elles auront pu être vérifiées par des constatations objectives, qui exigent ici le traitement statistique d'observations quantitatives pratiquées suivant des procédures normalisées.

2. *L'analyse factorielle entre personnes*

Certains travaux typologiques ont utilisé une autre forme d'analyse factorielle, fondée sur l'analyse des ressemblances entre personnes et non plus entre variables. S'il est vrai que l'édification d'une typologie consiste à établir des groupes de personnes qui se ressemblent et à tenter de rendre compte de ces groupements en fonction de personnes théoriques, les types « purs », on conçoit que cette analyse factorielle entre personnes s'applique directement au problème typologique.

La ressemblance entre deux personnes peut être exprimée par un coefficient de corrélation, à certaines conditions. Si ces deux personnes ont subi chacune la même série de tests, on peut classer ces tests d'après les résultats obtenus par la première personne, puis les classer à nouveau d'après les résultats obtenus par la seconde personne. Si ces deux classements sont identiques, la corrélation (par rangs) entre les deux personnes sera parfaite. Si ces deux classements sont indépendants, elle sera nulle. En procédant ainsi pour toutes les paires de personnes au sein d'un groupe, on pourra essayer ensuite de subdiviser ce groupe en sous-groupes au sein desquels les corrélations seront fortes par rapport à celles qui s'établissent entre groupes différents[1]. Chaque sous-groupe pourra être considéré comme constitué autour d'une personne théorique dont toutes les personnes classées dans le sous-groupe se rapprocheraient plus ou moins. Ce type « modal » ou « moyen » sera donc représenté dans cette méthode par un facteur-personne. Toutes les personnes observées pourront être décrites en fonction de plusieurs de ces facteurs, comme une somme de contributions plus ou moins importantes apportées par chaque type à chaque personne. Ces méthodes d'analyse factorielle entre personnes posent de nombreux problèmes logiques et techniques qui ne peuvent ici qu'être mentionnés. Le problème de l'échantillonnage des personnes est plus facile à poser que le problème symétrique de l'échantillonnage des variables.

1. Nous confondons à nouveau, pour la simplicité de la présentation, une analyse en groupes *(clusters)* et l'analyse factorielle. Les facteurs issus de l'analyse en groupes que nous esquissons sont nécessairement descriptifs. On sait qu'il n'en est pas ainsi pour l'analyse factorielle qui peut utiliser un système de facteurs dont la position ne soit pas liée à la distribution des observations. Le lecteur pourra faire un rapprochement entre cette distinction et celle qui doit être établie entre types descriptifs (empiriques) et types théoriques. Des méthodes d'analyse en types fondées de façon spécifique sur l'analyse en groupes de personnes et non sur l'analyse factorielle ont été proposées notamment par L. L. McQuitty dans la revue *Educational and Psychological Measurement*, en 1961 *(typal analysis)* et en 1963 *(rank order typal analysis)*.

Mais un échantillon de personnes ne peut représenter une population avec quelque précision qu'à la condition d'être suffisamment nombreux, ce qui entraîne très vite un nombre de corrélations entre personnes qui rend l'analyse très difficile ou impossible. Plus fondamentalement, des problèmes de métrique plus difficiles encore que ceux qui sont posés par les corrélations entre tests se posent ici. Enfin, les relations qui s'établissent entre les facteurs-tests et les facteurs-personnes ont constitué un problème « classique », à propos duquel des psychologues comme G. Thomson, W. Stephenson, C. Burt se sont affrontés vers 1935. Malgré ces difficultés, la méthode a été employée plusieurs fois, et l'on peut donner quelques exemples des résultats qu'elle a permis d'obtenir

Des types ont pu être dégagés en ce qui concerne les préférences esthétiques, les personnes aimant la simplicité des formes et des décors se distinguant de celles qui préfèrent des décors plus chargés ou plus réalistes (W. Stephenson). Des correcteurs de travaux scolaires peuvent, dans certains cas, représenter (plus ou moins fidèlement) un seul type général de correcteur, ou bien se subdiviser en plusieurs types, plusieurs « écoles de pensée » (C. Burt ; W. S. Torgerson et G. F. Green, 1952). C'est par cette méthode également qu'ont pu être distingués plusieurs types de couples désunis, plusieurs types d'hommes impuissants (A. El Senoussi et coll., 1959). On retrouve des problèmes plus généraux, rejoignant ceux auxquels se sont intéressés les typologistes employant d'autres méthodes, avec les travaux relatifs à la distinction de plusieurs types de malades mentaux (W. H. Guertin et coll., 1952, 1956, 1958), ou plusieurs types de constitution physique (M. Lorr et V. Fields, 1954).

Par les limitations que lui impose la technique qu'elle emploie (notamment en ce qui concerne le nombre des personnes), cette méthode ne peut prétendre aborder des problèmes aussi larges que ceux qui ont été posés par la plupart des anciens typologistes : ramener à quelques catégories simples toute la diversité des hommes. Mais on peut penser que des problèmes aussi démesurés « passent de mode » et que la psychologie différentielle tend à limiter et à préciser les questions qu'elle se pose. Cette évolution pourrait s'accompagner d'un développement de l'analyse factorielle entre personnes, le choix de ces personnes devenant plus facile s'il peut s'effectuer en fonction d'hypothèses plus limitées et plus précises. Cette remarque s'applique également à la méthode d'analyse des observations en « classes latentes ».

3. *L'analyse en classes latentes*

Cette méthode est une forme de l'analyse en structures latentes de P. F. Lazarsfeld (1950). Elle s'applique lorsque, sur tous les individus d'un groupe, ont été observés un certain nombre de caractères dont chacun peut être présent ou absent (ou résulte d'une dichotomie pratiquée dans une distribution continue). L'analyse se propose de subdiviser ce groupe en un certain nombre de sous-groupes homogènes, ou classes latentes, en fonction de caractères latents, dont les observations recueillies constituent la manifestation. On voit que la forme de cette théorie correspond exactement au problème typologique. La théorie n'exige aucune hypothèse préalable sur le nombre ou le contenu des classes latentes qui seront obtenues par l'analyse. Elle repose sur l'analyse de probabilités latentes : probabilité pour un individu appartenant à la classe j de présenter le caractère i. Elle repose également sur une définition de l'homogénéité des classes latentes : tous les individus rangés dans une même classe présentent au même degré les caractéristiques dont la variation suscite les intercorrélations constatées entre les observations, pour le groupe entier ; il en résulte que, à l'intérieur d'une classe, les observations ne présentent pas de corrélation entre elles (principe de l'indépendance locale). Cette définition de l'homogénéité a une importance essentielle pour la signification de la méthode. Elle sera peut-être mieux comprise si on la traduit dans le cadre notionnel de l'analyse factorielle.

On sait que, dans ce cadre, ce sont des variables hypothétiques, les facteurs, qui « expliquent » les corrélations entre variables observées, chaque sujet étant caractérisé fondamentalement par ses « notes » dans les différents facteurs. Des sujets rangés dans la même classe latente au sens de Lazarsfeld auraient tous des notes identiques dans chacun des facteurs. Ils présenteraient donc tous le même « profil » factoriel. Il en résulterait que leurs notes dans chaque test ne différeraient les unes des autres que par l'effet des facteurs spécifiques et d'erreurs, c'est-à-dire de façon indépendante d'un test à un autre, et que les corrélations entre tests seraient nulles au sein d'une même classe. La définition de l'homogénéité choisie par Lazarsfeld pour ses classes latentes est donc une traduction de celle de type, conçu comme structure latente (« profil ») commune à plusieurs individus qui ne se distinguent les uns des autres que par des déviations aléatoires. Elle permet mathématiquement de résoudre le problème posé à partir de l'observation des fréquences d'apparition de chaque caractère et des fréquences d'apparition conjointe de deux (ou, dans certaines méthodes, de plusieurs) caractères. Cette résolution peut utiliser les méthodes de calcul de l'analyse factorielle (W. A. Gibson, S. Ledermann). Mais elle n'implique pas les postulats de linéarité dont nous avons dit plus haut qu'ils pouvaient ne constituer qu'un cas particulier en matière de typologie.

Les applications de l'analyse en classes latentes sont relativement rares. Pourtant cette méthode répond bien à l'évolution des idées en psychologie différentielle, où l'étude de questions extrêmement générales tend à faire place à celle de questions plus limitées et formulées de façon plus précise. Voici quelques exemples illustrant cette attitude.

S. Ledermann, dans une étude portant sur les accidents liés à l'alcoolémie (1964), recherche par cette méthode si l'ensemble du personnel d'une entreprise ne serait pas constitué de différents groupes typologiques, au sein desquels le problème pourrait se poser de façons différentes. Il découvre deux groupes latents et constate, en comparant les deux « profils » caractérisant ces groupes (c'est-à-dire la fréquence d'apparition de chacune des observations au sein des deux groupes), qu'ils se distinguent essentiellement par l'âge (fréquence des sujets de plus de 35 ans) et par des observations paraissant placées sous la dépendance de l'âge. L'alcoolémie n'accroît le risque d'accident que dans le groupe âgé.

Au Centre de Formation et de Recherche de l'Éducation Surveillée (Vaucresson), la méthode a été appliquée plusieurs fois. On a étudié notamment par cette méthode les rapports entre l'alcoolisation et la délinquance juvénile, et l'on a pu mettre en évidence un certain nombre de « types d'alcoolisation », dont chacun est caractérisé par un profil faisant intervenir notamment l'âge, le milieu familial et le milieu professionnel. On a étudié par la même méthode les anomalies fonctionnelles de l'électro-encéphalogramme chez des adolescents normaux, caractériels ou délinquants. Quatre types de tracés sont découverts. Dans l'examen du profil de chacun (fréquence d'apparition des caractéristiques retenues pour l'analyse), on constate que les deux premiers peuvent être considérés comme normaux, alors que les deux derniers présentent des anomalies, notamment la présence d'ondes lentes postérieures. On constate, par ailleurs, que les deux premiers types rassemblent 84,5 % des normaux et 36,6 % des délinquants, alors que les deux derniers rassemblent 15,5 % des normaux et 63,3 % des délinquants. (La caractéristique normalité-délinquance n'avait pas été utilisée dans l'analyse qui a conduit à la distinction des quatre types de tracés EEG.) Dans le même centre de recherches, on a pu distinguer par la même méthode quatre types de conduites délictuelles chez des garçons de 14 à 18 ans, à partir de 19 caractéristiques observées (communication présentée au Ve Congrès International de Criminologie, Montréal, 1965).

4. *L'analyse configurationnelle : les méthodes*

L'analyse factorielle et l'analyse en classes latentes se proposent d'utiliser des dimensions fondamentales, non directement observables, pour définir l'espace dans lequel les types sont observés. De plus, certaines de ces méthodes (celles qui font usage de corrélations pearsoniennes) reposent sur certains postulats quant aux propriétés des distributions observées.

Les méthodes dont nous allons parler se distinguent des précédentes à ces deux points de vue : elles partent d'une distribution des personnes établie en principe en utilisant directement les observations ; elles font moins d'hypothèses ou pas d'hypothèse sur la forme de ces distributions. Ce sont donc des méthodes plus « faibles » que les précédentes, en ce sens qu'elles sont plus économes en matière d'hypothèses sur les fondements et sur la forme des observations. Cet « affaiblissement » paraît constituer, de façon générale, un aspect important de l'évolution méthodologique de la psychologie.

On pourrait reprendre ici les figures 1, 2 et 3 qui nous ont servi à illustrer les difficultés auxquelles se heurte l'emploi des corrélations pearsoniennes en matière de typologie. Ces figures représentaient plusieurs formes de répartition d'un groupe de personnes dans l'espace défini par deux mesures pratiquées sur chacune de ces personnes. Les deux dimensions sont représentées par des axes orthogonaux. Chaque personne est figurée par un point dont les coordonnées sont les mesures de cette personne. De telles représentations peuvent être faites également pour trois mesures, dans un espace à trois dimensions. Au-delà, la représentation n'est plus possible, et l'observation directe doit céder la place à une analyse mathématique.

R. C. Tryon (1958) mesure 33 caractéristiques démographiques, économiques, sociales de 243 quartiers suburbains. Une analyse portant sur ces 33 dimensions permet de choisir 3 *clusters* de dimensions à peu près indépendants, qui permettent de représenter la distribution des 243 quartiers et d'observer qu'elle présente une douzaine de maxima de densité que l'on peut considérer comme autant de types de quartiers. On remarquera combien un tel travail s'éloigne du domaine traditionnel des typologies somato-psychiques. Le même auteur mesure 15 attitudes religieuses sur 200 étudiants, ramène ces 15 attitudes à 3 *clusters* d'attitudes lui permettant de représenter son groupe par 200 points, dont les 5 maxima de densité peuvent correspondre à autant de types religieux.

Mais au lieu d'être représenté par un point dans un espace à n dimensions, un individu sur lequel a été pratiqué n mesures peut être représenté par un *profil*, figure à 2 dimensions utilisant n points. La figure 4 représente par un point dans un espace à 3 dimensions le sujet A, dont les coordonnées dans cet espace sont fournies par les notes qu'il a obtenues dans 3 tests : 2 dans le test x, 4 dans le test y, 3 dans le test z. Ces mêmes résultats sont représentés par un « profil » sur la figure 5. Il ne nous est pas possible d'ajouter un quatrième test dans la figure 4, alors que l'on peut ajouter autant de tests que l'on veut sur la figure 5. Le problème typologique peut être formulé en termes de profils. Il revient alors à se demander, lorsqu'on dispose de N profils décrivant chacun les observations pratiquées sur un sujet, s'il existe des groupes de profils qui « se ressemblent ». L'expression « se ressembler » est aussi peu déterminée que l'expression « particularités de la distribution », que nous avons employée jusqu'ici à propos de la manifestation éventuelle de types dans des figures comme la figure 4. Cette

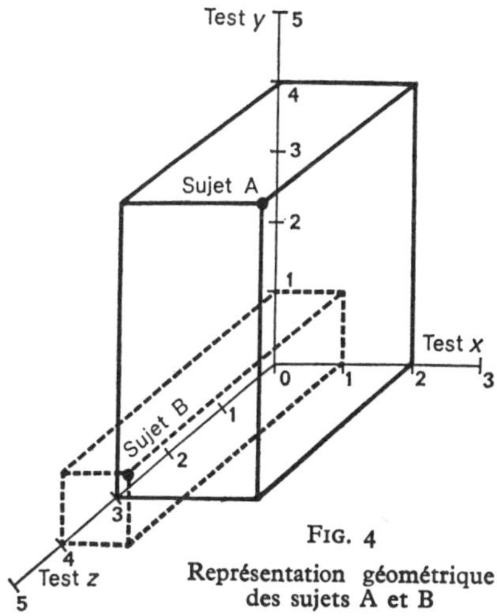

FIG. 4
Représentation géométrique
des sujets A et B

expression « se ressembler » peut être spécifiée de façons différentes.

La façon la plus directe et la plus globale de déterminer le degré de ressemblance entre deux profils découle de la comparaison des figures 4 et 5 : le degré de ressemblance entre les deux profils de la figure 5 peut être défini par la distance AB de la figure 4. L. J. Cronbach et

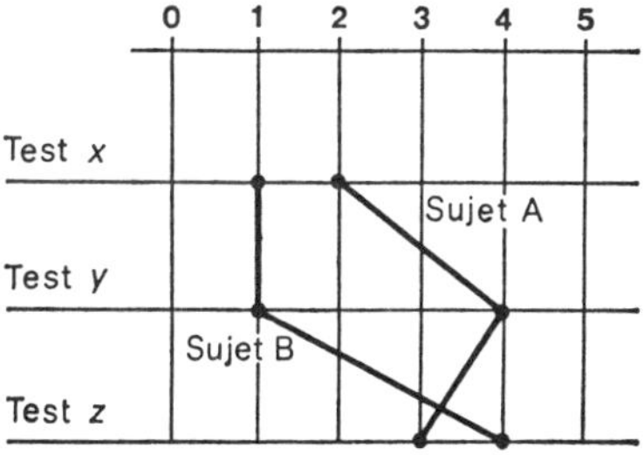

FIG. 5
Profils des sujets A et B

G. C. Gleser (1952, 1953) ont souligné l'intérêt de cette distance entre profils et indiqué le moyen de la calculer par une forme généralisée du théorème de Pythagore : le carré D^2 de cette distance est égal à la somme des carrés des distances qui séparent les points homologues des deux profils. La ressemblance entre deux profils, ainsi définie, n'est parfaite que si les deux profils se superposent exactement (ce qui entraîne la confusion des points A et B sur la figure 4).

Mais la définition de la « ressemblance » peut être plus faible. Elle peut faire abstraction du « niveau » des deux profils, c'est-à-dire d'une éventuelle différence entre les moyennes des deux individus comparés. La ressemblance est parfaite, en ce sens, si l'on peut amener les deux profils à se superposer par une simple translation opérée sur la figure 5. On peut ne calculer D^2 qu'après avoir opéré la translation amenant les notes moyennes des deux sujets à être égales. En outre, les notes d'un sujet peuvent être plus ou moins dispersées autour de sa propre moyenne. On peut également écarter ce facteur de variation de la définition de la « ressemblance », et ne calculer D^2 qu'après avoir égalisé les « variabilités » des sujets (en multipliant toutes les notes de chacun par un coefficient approprié). On voit que ces deux problèmes sont des problèmes de métrique, consistant à se demander si la même métrique (même origine, même unité) peut être employée pour tous les sujets ; et, plus fondamentalement, à se demander quelle définition il faut donner, dans ce contexte, à l'expression « la même métrique ». Il s'agit là d'un problème qui se pose très souvent en psychologie différentielle comme en psychologie générale, sous des formes différentes et parfois moins évidentes qu'ici.

Si l'on égalise le niveau et la variabilité de deux profils, on peut dire qu'ils ne se différencient plus que par leur forme. Il semble que la distance de Cronbach, calculée sans correction, dépende davantage du niveau des profils que de leur variabilité ou de leur forme (F. Dozol, 1957).

D'autres techniques de comparaison de profils existent, qui constituent autant de définitions différentes de l'expression « se ressembler » appliquée à deux profils. Nous ne pouvons ici que signaler l'existence de techniques se situant seulement au niveau ordinal, c'est-à-dire échappant aux problèmes posés par le choix d'une origine et d'une unité, au prix d'un « affaiblissement » de la notion de ressemblance. A ce niveau, on considérera que la ressemblance entre deux profils est parfaite si, en classant les tests d'après la note obtenue par chaque sujet, on obtient deux classements identiques. On comprend que des profils différant quant à leur niveau, leur variabilité et leur forme puissent satisfaire à cette définition. Nous retrouvons ici la corrélation par rangs entre personnes déjà mentionnée à propos de l'analyse factorielle.

Le choix d'un niveau de définition de la « ressemblance » et, à ce niveau, d'une technique spécifiant cette définition, dépend bien entendu du but poursuivi par le chercheur qui se propose de comparer des individus, et des moyens d'observation et de traitement dont ce chercheur dispose. C'est dans cet esprit qu'il convient de lire les revues (F. Dozol, 1957, 1958) ou les ouvrages (P. J. Rulon, D. V. Tiedeman, M. M. Tatsuoka, C. R. Langmuir, 1967) traitant de cette question.

Nous n'avons parlé jusqu'ici que de la ressemblance ou de la distance entre deux profils. Lorsqu'on dispose de mesures pratiquées sur un nombre d'individus plus élevé, on peut comparer paire à paire tous les profils obtenus. Il s'agit alors de savoir si l'on peut considérer qu'il existe des groupes relativement homogènes au sein desquels les profils sont plus proches que ne le sont des profils empruntés à des groupes différents. Si l'on n'a pas d'hypothèse préalable, ce travail est purement descriptif, son but étant alors de *découvrir* des types éventuels.

Aucune solution mathématiquement formalisée n'existe

pour ce problème, parce que la notion de « groupe relativement homogène » *(cluster)* n'est pas elle-même formalisée. L'existence de plusieurs maxima de densité dans le nuage de points représentant les individus dans une figure comme la figure 4 peut être seulement constatée par inspection comme dans le travail cité de P. Delaporte. On peut aussi employer des procédés permettant de déterminer par un calcul simple dans quel ordre les points doivent être associés les uns aux autres, à partir des deux points les plus proches, pour constituer un groupe au sein duquel la distance moyenne entre observations croisse aussi lentement que possible. Lorsqu'on juge que la distance du point devant être inclus est « grande » par rapport à la distance moyenne du groupe déjà constitué, on considère que ce groupe forme un *cluster*, et on recommence le processus avec les points restants. Le caractère empirique de cette procédure est manifeste. Elle est cependant citée dans l'ouvrage de C. R. Rao, *Advanced Statistical Methods in Biometric Research* (1952). Les méthodes de recherche des *clusters* proposées par L. L. McQuitty (1961, 1963), et citées plus haut à propos des corrélations entre personnes, s'appliquent aussi dans les cas où la ressemblance entre profils est définie par une distance. Elles ne sont que des simplifications de la procédure ci-dessus : au lieu de faire intervenir des distances moyennes, elles font intervenir seulement le profil le plus proche de chacun des profils. Plusieurs procédés de ce genre et de ce niveau avaient déjà été proposés (R. B. Cattell, 1944). Il serait utile de faire progresser sur ce point important les méthodes de la psychologie différentielle. Nous nous demandons si les travaux réalisés dans le domaine de la « lecture » automatique de l'écriture manuscrite ne pourraient se prolonger dans ce domaine, où il s'agit aussi de « lire » les particularités (qui pourraient être définies en termes topologiques et non statistiques) d'un nuage d'observations.

Les méthodes précédentes fournissent donc des groupes

d'individus, groupes qui ont été en principe « découverts » dans une population que rien ne permettait *a priori* de subdiviser. On se trouve d'emblée devant des groupes dans les travaux qui, à la différence des premiers, utilisent une hypothèse préalable pour structurer la population : distinction entre normaux et malades, entre différentes catégories de malades, entre personnes exerçant des professions différentes, etc. Dans l'un et l'autre cas, on peut comparer ces groupes et se demander auquel d'entre eux un individu particulier a le plus de chances d'appartenir.

On peut caractériser un groupe d'individus par le profil moyen de ces individus. Il suffit de calculer, pour chaque variable, la moyenne des observations réalisées sur le groupe. On peut remplacer la moyenne par le médian ou le mode. Dans tous ces cas, on obtient pour le groupe un profil unique, qui caractérise ce groupe ou type.

Sur ces profils moyens, on peut effectuer les comparaisons que nous avons décrites pour les profils individuels, par exemple calculer des distances de Cronbach, et rechercher l'existence de groupes *(clusters)* par les méthodes de McQuitty. Ces groupes de groupes peuvent être considérés dans certains cas comme des types plus fondamentaux, des « prototypes », des types « de second ordre ». On voit que cette procédure fournit, pour l'organisation d'un ensemble d'individus, une structuration hiérarchique, au sens où nous avons pris ce mot en parlant de l'organisation d'un ensemble de conduites. Ici, le profil moyen de l'ensemble des individus fournit le groupe ou type général. Les déviations individuelles à ce type général peuvent s'organiser de façon telle qu'il y ait lieu de subdiviser la population en sous-groupes plus restreints, et ainsi de suite. La comparaison directe de deux profils individuels fournit une ressemblance globale pouvant se décomposer (et en un certain sens « s'expliquer ») par l'appartenance des deux individus considérés à des groupes et sous-groupes qui, lorsqu'on descend la hiérarchie, ne sont communs aux deux individus que jusqu'à un certain niveau.

D'un point de vue technique, la comparaison de profils moyens présente un aspect nouveau par rapport à la comparaison de profils individuels. Chaque groupe se caractérise, en effet, non seulement par un profil moyen, mais aussi par la dispersion des profils individuels autour de leur moyenne. On se trouve donc placé dans une situation favorable à l'application des méthodes statistiques classiques, pour lesquelles une différence entre deux moyennes n'a de « signification » définissable (du point de vue formel qui est celui du statisticien) que si l'on peut la comparer à la dispersion des observations individuelles autour de chacune des moyennes. Nous avons mentionné dans l'historique l'extension au cas de plusieurs variables de ces techniques statistiques conçues d'abord pour une seule variable, telles que le *t* utilisé pour comparer deux moyennes ou l'analyse de la variance permettant d'en comparer plusieurs. Dans l'esprit de ces techniques, signalons qu'il existe une mesure de la distance entre deux profils moyens, qui tient compte de la dispersion des observations, supposée égale dans les deux groupes (et aussi des corrélations entre les variables). C'est la « distance généralisée » D^2 de P. C. Mahalanobis (1936). Une épreuve de signification statistique peut être effectuée sur cette distance. Quel que soit l'intérêt de ces épreuves de signification statistique, il faut que le psychologue reste conscient du fait qu'elles ne peuvent définir la signification psychologique attachée au contenu des observations, ni par conséquent retirer son intérêt éventuel, de ce point de vue, à une statistique purement descriptive comme la distance de Cronbach. Cette remarque est générale.

La distance de Mahalanobis se rattache à la fonction discriminante de R. Fisher. Lorsqu'on dispose de plusieurs observations réalisées sur tous les individus de deux groupes, on peut en effet se proposer de calculer une « note » unique à partir de ces observations, « note » dont on veut qu'elle permette de discriminer les deux groupes aussi bien que possible. Cette note sera une fonction linéaire des observations. On pourra la calculer à condition de formaliser l'expression « aussi bien que possible ». On peut convenir de dire que la discrimination des deux groupes sera « aussi bonne que possible » lorsque le rapport de la variance inter-groupes à la variance intra-groupe sera maximum. Si certaines conditions formelles sont remplies par les observations (normalité, homogénéité des variances et des covariances), on pourra alors calculer la fonction cherchée en utilisant la méthode proposée par Fisher (1936) et présentée aux psychologues dans *Psychometrika*, en 1939, par R. M. W. Travers et, en 1943, par H. E. Garrett.

La figure 6 permet d'illustrer très schématiquement cette méthode et son intérêt. Les deux ellipses figurent les nuages de points représentant les individus de deux groupes, A et B. Les coordonnées de chaque sujet sont ses notes dans deux tests x et y. On voit que les deux séries de notes observées

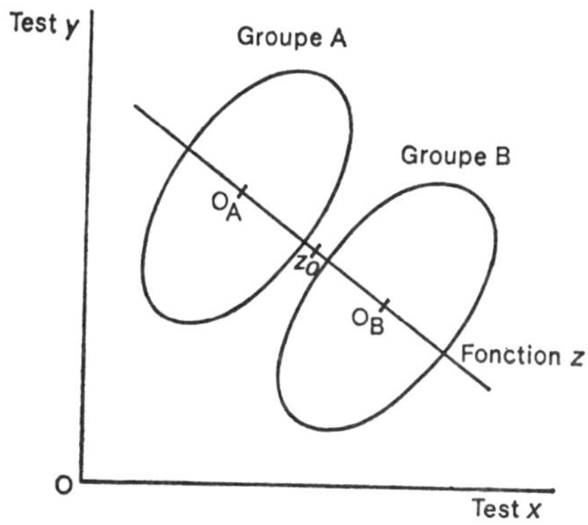

FIG. 6

Discrimination entre les groupes A et B

dans le test x sont largement mêlées, et qu'il en est de même pour les deux séries de notes dans le test y. Mais si l'on considère les projections des points-observations sur la droite z, dont l'équation est une fonction linéaire de x et de y, on constate (dans ce cas théorique) que les deux groupes se distinguent parfaitement : tous les individus d'un groupe ont une projection supérieure à la note limite z_0, tous les individus de l'autre groupe ont une projection inférieure à z_0.

Si nous avons à classer un individu nouveau dans l'un des deux groupes, si nous avons à rechercher auquel des deux types il a le plus de chances d'appartenir, il suffira de lui faire passer les tests x et y. Connaissant la fonction z (que la méthode proposée par Fisher nous aura permis de calculer à partir des données fournies par les deux groupes) et la note limite z_0, nous pourrons dire qu'il ressemble davantage aux individus constituant l'un ou l'autre des deux groupes, dans les limites des informations fournies par ces deux tests.

On voit qu'il ne s'agit plus de découvrir des groupes homogènes. La répartition des individus entre les deux groupes repose sur un critère antérieur à l'analyse. La méthode permet de découvrir la fonction qui discrimine le mieux entre les deux groupes et de constater que cette fonction permet une discrimination plus ou moins bonne. On peut considérer que le choix du critère et le choix des variables (test x et test y) expriment une hypothèse que la fonction discriminante permet de vérifier.

La fonction discriminante peut être considérée comme un moyen de réduire le nombre des dimensions : dans l'exemple, on passe de deux dimensions (tests x et y) à une (fonction z). Cette réduction s'opère en perdant aussi peu d'information que possible sur la différenciation entre les deux groupes.

Du point de vue pratique, la fonction discriminante offre un moyen de pronostic individuel. Si tel individu particulier ressemble plus aux individus du groupe A qu'à ceux du groupe B, je pourrai prévoir, dans les limites des informations fournies par les tests, qu'il se comportera dans l'avenir comme se sont comportés en général les individus du groupe A (degré de réussite scolaire ou professionnelle, évolution des symptômes observés, etc.). La fonction discriminante est utilisée ainsi lorsque le critère se présente sous la forme d'une échelle nominale, c'est-à-dire d'une distinction qualitative entre individus qui, par exemple, réussissent ou échouent à un examen. Dans d'autres cas, le critère est lui-même une échelle d'intervalles, par exemple la note obtenue à l'examen. Dans ce cas, on préfère en général utiliser une « corrélation multiple » permettant de calculer la note la plus probable à l'examen à partir des notes dans les tests.

Dans les cas où la fonction discriminante est ainsi utilisée pour effectuer des pronostics, on constate en général que ces pronostics sont moins bons que n'aurait permis de l'espérer la discrimination obtenue sur les deux groupes initiaux. Cela tient au fait que la discrimination entre les deux groupes initiaux est seulement descriptive : elle utilise bien les liaisons fondamentales entre le critère et les variables observées, mais elle utilise aussi les particularités aléatoires propres aux deux échantillons sur lesquels la fonction est calculée. Ces particularités ne se retrouvent plus lorsqu'on applique la fonction à de nouveaux cas. Il convient donc de « contrevalider » la fonction calculée sur deux groupes particuliers en l'appliquant à deux autres groupes distingués aussi en fonction du critère. Cette remarque vaut non seulement pour la fonction discriminante, mais aussi pour toute méthode conduisant à utiliser en vue d'un pronostic des indices qui ont été isolés à partir d'une description (corrélation multiple, échelles discriminatives établies sur certains questionnaires de personnalité, etc.).

Notons enfin que les fonctions permettant de discriminer entre deux groupes utilisent, en général, plus de deux variables observées. La discrimination peut se faire aussi entre plusieurs groupes. Dans ce cas, on peut utiliser autant de fonctions discriminantes qu'il y a de paires de groupes, ou une fonction discriminante multiple unique.

5. *L'analyse configurationnelle : quelques résultats*

Nous avons remarqué plus haut, à propos de l'analyse factorielle entre personnes, que cette méthode s'appliquait mieux aux problèmes limités de la psychologie différentielle moderne qu'aux problèmes extrêmement généraux de la typologie classique. Cette remarque vaut pour toutes les méthodes récentes qui traitent bien des problèmes de même forme que ceux des typologistes classiques, mais ne posent ces problèmes qu'à une échelle beaucoup plus restreinte. Il faut tout d'abord remarquer que les méthodes statistiques relativement récentes qui viennent d'être évoquées ne font qu'apporter des perfectionnements, dont certains sont importants, à des méthodes plus anciennes. C'est ainsi que des recherches sur les causes psychologiques des accidents du travail (J. M. Lahy et S. Korngold, 1936) ont utilisé la comparaison des profils de deux groupes d'ouvriers, les uns « normaux », les autres « fréquemment blessés ». La même méthode a été utilisée au cours de recherches sur la sélection psychotechnique des mécaniciens et des chauffeurs de locomotive (1948), et elle a permis de comparer des ouvriers occupant ces emplois de façon satisfaisante à d'autres les occupant de façon moins satisfaisante, ainsi qu'à des ouvriers « tout-venant ». Il s'agit là d'études expérimentales précises et finement analysées. Il est arrivé que soient dressés des « profils-types » de telle ou telle profession sur des bases seulement conjecturales. L'orientation professionnelle a pu parfois, et pendant un temps, être fondée sur la comparaison d'un profil individuel à différents profils-types considérés comme caractéristiques de certaines professions. Cette façon de voir n'est d'ailleurs pas abandonnée partout. C'est ainsi qu'une batterie de tests, étudiée aux États-Unis par B. J. Dvorak à l'*United*

States Employment Service, permet de comparer le profil qu'elle fournit pour chaque sujet examiné à 23 profils correspondant à autant de groupes de professions. Chaque profil professionnel a été établi expérimentalement sur la base d'un très grand nombre d'examens. Il fournit les trois aptitudes les plus importantes pour la profession considérée et, pour chacune de ces aptitudes, la note au-dessous de laquelle le candidat ne doit pas descendre.

Certains des travaux de cette catégorie se sont heurtés à des objections ou des difficultés. Les conditions d'exercice d'une même profession peuvent varier très sensiblement d'une entreprise à une autre, et évoluent rapidement dans le temps. Il est difficile d'utiliser pour des candidats les observations faites sur des travailleurs déjà formés et entraînés. Les résultats fournis par une batterie de tests n'ont de sens que replacés dans tout un contexte clinique que néglige une procédure trop formelle et limitée de comparaison de profils. Ces difficultés, inhérentes à la façon même de poser le problème, ne sont pas aplanies par l'emploi des méthodes d'analyse statistique dont nous venons de parler. Ces méthodes, cependant, permettent de formaliser plus clairement la démarche du psychologue, facilitent l'analyse de cette démarche et l'appréciation des difficultés auxquelles elle se heurte.

Il faut donc signaler un ouvrage portant sur les statistiques multivariées et écrit en vue de leurs applications à la classification du personnel (P. J. Rulon et collaborateurs : *Multivariate Statistics for Personnel Classification*, 1967). D'autre part, la batterie de Dvorak a été traduite en français et adaptée à l'Institut de Psychologie de l'Université de Neuchâtel (1960), et les travaux réalisés sur cette adaptation (notamment par J. Cardinet et F. Gendre) ont utilisé certaines des méthodes multivariées dont nous avons parlé. C'est ainsi que des fonctions discriminantes ont été calculées pour différencier au mieux, à partir des tests de la batterie et d'un questionnaire d'intérêts, 23 groupes de sujets ayant suivi (après l'examen psychologique, ce qui répond à l'une des objections présentées plus haut) des voies de formation différentes ; les distances séparant les 23 profils moyens ont été calculées (distance de Mahalanobis), et un regroupement utilisant la méthode de McQuitty a permis d'établir cinq types de profils professionnels ; des types individuels de premier et de second ordre ont été dégagés (à partir de distances de Cronbach) et comparés aux choix professionnels.

Les travaux ci-dessus concernent essentiellement l'orientation. Les fonctions discriminantes peuvent aussi être employées en sélection pour différencier au mieux, dans une profession donnée, un groupe de sujets ayant bien réussi d'un autre groupe ayant réussi moins bien. Là encore, ces méthodes récentes ne font que préciser des méthodes plus anciennes (en pondérant chacun des indices utilisés pour différencier les deux groupes) et apporter la possibilité théorique d'une épreuve de signification statistique. En effet, on avait pensé depuis longtemps à distinguer deux groupes en dressant la liste des caractères apparaissant plus fréquemment dans un groupe que dans l'autre et à utiliser cette liste pour les diagnostics ou les pronostics individuels. La nécessité d'une contre-validation vaut aussi pour ces travaux statistiquement moins élaborés, qui utilisent la même logique fondamentale que les travaux plus récents. La démonstration en a été faite notamment par A. K. Kurtz (1949) qui détermine, sur un premier groupe d'agents d'assurance, 32 « signes » observés dans les réponses au test de Rorschach, permettant de distinguer clairement les agents médiocres des agents excellents. Appliqués à un nouveau groupe, ces signes ne permettent plus aucune distinction.

Ce genre d'applications est formellement proche de la construction d' « échelles » à partir des réponses observées dans les questionnaires d'intérêts ou de personnalité. Par exemple, G. F. Kuder détermine par une fonction discriminante quelles réponses à son questionnaire d'intérêts distinguent le plus clairement les hommes des femmes et offre ainsi une « échelle » de masculinité-féminité permettant de savoir où se situe un sujet donné (homme ou femme) par rapport aux intérêts habituellement observés dans chacun des deux sexes. Des échelles de même forme, construites notamment à partir des réponses au questionnaire *Minnesota Multiphasic Personality Inventory* (M.M.P.I.), de S. R. Hathaway et J. C. McKinley, ont été utilisées pour discriminer entre des groupes de normaux et de malades. Ces échelles nous introduisent dans le domaine des applications psychiatriques des méthodes multivariées.

Les fonctions discriminantes, appliquées aux résultats du M.M.P.I., utilisent en général non pas directement les réponses aux questions (trop nombreuses), mais une série d'échelles construites antérieurement par des procédés statistiques moins élaborés. En utilisant plusieurs de ces échelles, on obtient pour chaque sujet un profil, et les méthodes multivariées permettent de regrouper et de comparer ces profils. W. G. Dahlstrom et H. J. Wahler séparent à l'aide d'une fonction discriminante les schizophrènes de tous les autres malades mentaux d'un premier groupe avec 83 % de succès (72 % de succès lors de la contre-validation). M. Choynowsky (1965) sépare quatre groupes (normaux, névrotiques, schizophrènes, psychopathes) à l'aide de 13 échelles, à partir desquelles il calcule 6 fonctions discriminantes (une par paire de groupes). Il procède, lui aussi, à la contre-validation de ses résultats. Les fonctions discriminantes ont été appliquées en psychiatrie à partir d'autres épreuves que le M.M.P.I. pour distinguer les normaux des schizophrènes (A. E. Harper), pour le diagnostic de l'aphasie latente (P. Pichot et J. Perse), etc. Mais les méthodes multivariées peuvent être utilisées en psychiatrie pour répondre à des questions plus nuancées. On peut, à cet égard, renvoyer à un travail réalisé par C. R. Rao et P. Slater (1949), à des fins qui paraissent surtout illustratives. Les auteurs partent d'un groupe de normaux et de cinq groupes de malades sur lesquels ont été portés des diagnostics différents. Ils utilisent 13 « signes » pouvant être présents ou absents, mais ramènent cette série d'observations à trois groupes de signes par une analyse factorielle préliminaire. Dans cet espace à trois dimensions, ils se demandent d'abord si les différences entre les moyennes (ou plus exactement les centroïdes) de leurs six groupes sont significativement différentes. Une analyse de la variance généralisée (puisqu'elle utilise trois variables dépendantes au lieu d'une) leur permet de répondre affirmativement. Ils calculent alors les distances généralisées entre les groupes pris paire à paire, et appliquent un T généralisé sur chaque paire, afin de savoir au sein de quelles paires cette distance est significativement différente de zéro. Ils se demandent ensuite combien de dimensions sont nécessaires pour rendre compte des distances constatées dans l'espace à trois dimensions. Ils considèrent qu'une seule dimension peut suffire, ce qui confirmerait l'hypothèse d'Eysenck d'un facteur général de névrosisme. Ils calculent enfin des fonctions discriminantes permettant d'assigner un individu à l'un des groupes en rendant minimum le nombre d'erreurs de classement.

En dehors du domaine psychiatrique, une distinction entre délinquants et non-délinquants a été faite par P. B. Rempel en utilisant les fonctions discriminantes. Un intérêt de ce travail réside dans le fait que les observations utilisées (M.M.P.I.) ont été recueillies *avant* l'acte délictuel, ce qui répond à l'une des objections faites plus haut à certains travaux de cette catégorie.

B) Groupements fondés « a priori » sur l'observation d'un seul caractère

Une catégorie importante de travaux, en psychologie différentielle, concerne l'étude de groupes d'individus distingués *a priori* en fonction d'un caractère particulier. On peut comparer ainsi les hommes aux femmes, les enfants issus de parents appartenant à des catégories socio-professionnelles différentes, etc. Ces études sont d'abord descriptives ; elles ont souvent, en second lieu, l'ambition d'expliquer les différences observées entre les groupes comparés.

On voit en quoi ce genre de travaux peuvent se distinguer et se rapprocher des travaux « typologiques » dont nous venons de parler. Les travaux typologiques se proposent souvent de « découvrir » des catégories qui soient plus homogènes que la population générale. Ici, au contraire, les groupes sont définis *a priori*. On pourrait faire remarquer que l'emploi des fonctions discriminantes, dont nous avons parlé, implique aussi une distinction *a priori*. En fait, les fonctions discriminantes sont en général utilisées dans un esprit un peu différent de celui des travaux que nous abordons. Elles ont pour objet de fournir une fonction des caractères mesurés qui, discriminant au mieux les groupes, permette de réaliser un pronostic aussi bon que possible, quant à l'appartenance d'un sujet inconnu à l'un ou l'autre des groupes discriminés. Ici, le problème du pronostic ne se pose pas en général ; par conséquent, il est rare que l'on utilise des fonctions d'observations et l'on se limite le plus souvent à des comparaisons portant sur ces observations elles-mêmes. Par contre, la comparaison de deux groupes suppose que les informations individuelles soient résumées pour chacun de ces deux groupes, et ce résumé peut être constitué par deux profils « typiques », en un sens seulement descriptif.

Si l'on dépasse le point de vue méthodologique, on constatera que les travaux dont on va parler ont souvent des incidences sociales beaucoup plus directes que les recherches typologiques. L'usage d'un critère de différenciation unique et immédiatement observable revient, en effet, à étudier des groupes d'individus qui constituent depuis fort longtemps des unités sociales entretenant entre elles des rapports complexes et dont chacune peut susciter des prises de position philosophiques, sociales, politiques explicites ou implicites. Les constatations et les hypothèses explicatives relatives aux différences entre hommes et femmes, entre Noirs et Blancs, entre catégories socio-économiques, sont très facilement utilisées en fonction de ces prises de position. C'est un domaine dans lequel il convient de distinguer très clairement les progrès de la connaissance objective des utilisations qui peuvent en être faites.

Il convient, en particulier, d'éviter le danger consistant à n'utiliser que des descriptions partielles et des hypothèses explicatives unilatérales, les faits décrits étant sélectionnés de façon à confirmer l'hypothèse préférée.

Il arrive souvent que l'on ait à comparer les mesures opérées sur deux groupes. On le fait en comparant les deux distributions de ces mesures. Voici, à titre d'illustration, les distributions observées dans un test verbal appliqué à environ 5 000 garçons et 5 000 filles élèves de classes de 3e.

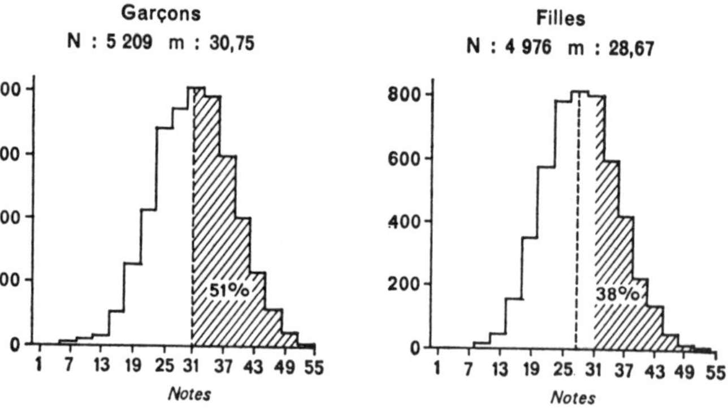

FIG. 7

(D'après F. BACHER, Quelques données récentes sur les aptitudes verbales, *Bulletin de Psychologie*, 1966, *19*, 642-654, p. 644.)

Une première description partielle de données de ce genre consisterait à utiliser seulement la différence entre les deux moyennes, et à se borner à dire que, dans ce test, les garçons (dont la moyenne est 30,75) sont supérieurs aux filles (moyenne : 28,67). Une seconde utilisation partielle consisterait à considérer seulement le fait que tous les individus appartenant au même groupe n'ont pas la même note. Cette dispersion « intra-groupe » entraîne ici pour conséquence que toutes les notes obtenues par certains garçons, depuis la note 1 jusqu'à la note 50, l'ont été aussi par certaines filles. On pourrait, si l'on se limitait à cet aspect des données, déclarer qu'il est impossible de distinguer les filles des garçons, et que les facteurs qui différencient les individus de même sexe constituent le fait essentiel.

Le caractère partiel de ces deux descriptions ne serait pas corrigé par l'usage des épreuves de signification statistiques permettant de dire que la différence entre les deux moyennes est significative ou ne l'est pas. Il faut, si l'on veut utiliser des techniques statistiques, estimer la fraction de la variance totale qui est attribuable au facteur sexe ou exprimer la différence entre les moyennes en prenant comme unité l'écart-type de la population générale. Il est plus rapide, et souvent plus clair, de décrire les deux distributions en termes de recouvrements, comme le fait l'auteur auquel nous avons emprunté les graphiques ci-dessus : on lit, en effet, sur ces graphiques que la note moyenne des garçons, dépassée par 51 % d'entre eux, est également dépassée par 38 % des filles.

Des descriptions partielles peuvent être facilement invoquées à l'appui d'hypothèses qui, parfois choisies pour des raisons extra-scientifiques, résisteraient mal à une mise à l'épreuve plus objective. On a vu dans l'historique que l'origine des différences individuelles avait été d'abord ramenée au seul groupe des facteurs biologiques héréditaires ; puis, à une date plus récente, au seul groupe des facteurs de milieu, spécialement des facteurs sociaux. Dans la mesure où le sexe serait considéré uniquement comme un facteur biologique de différenciation, on voit sur l'exemple précédent que le pouvoir déterminant de ce facteur pourrait être affirmé grâce à une description partielle n'utilisant que les moyennes ; qu'il serait nié à partir d'une description partielle ne considérant que les dispersions. Lorsqu'on compare deux distributions de notes obtenues par des enfants d'origine sociale différente, le même procédé de sélection des faits observés permettrait d'affirmer ou de nier l'influence de l'origine sociale. Il est à peine besoin de dire que de tels procédés sont tout à fait étrangers à une psychologie différentielle scientifique.

Nous ne pouvons ici que nous borner à évoquer rapidement quelques travaux relatifs aux différences psychologiques associées au sexe ou à la catégorie socioprofessionnelle.

1. *Le sexe*

La psychologie différentielle des sexes a suscité de nombreux travaux descriptifs, et même de nombreux ouvrages passant en revue ces données de base. Nous ne pourrons ici en reprendre l'examen.

La partie la plus importante de ces travaux concerne les résultats qui ont été observés lorsque les instruments habituels de la psychologie différentielle ont été utilisés comparativement sur des groupes différant quant au sexe. Ces travaux posent d'abord des problèmes méthodologiques relatifs aux instruments utilisés et d'autres problèmes quant aux groupes comparés.

Au premier rang des instruments habituels de la psychologie différentielle figurent les épreuves de niveau mental, les épreuves globales d'intelligence. Ces épreuves ne permettent guère, en général, la comparaison des résultats moyens obtenus par des individus de sexe différent. Il arrive souvent, en effet, que l'un des critères adoptés au moment de la mise au point de ces épreuves globales consiste précisément à les construire de façon telle qu'elles fournissent des moyennes égales pour les deux sexes. On va voir que, parmi les épreuves spécifiques dont le groupement constitue l'échelle, il en est dont on sait qu'elles suscitent des résultats meilleurs (absolument ou relativement) pour un sexe que pour l'autre. Il suffirait donc de modifier les proportions dans lesquelles les épreuves spécifiques entrent dans l'échelle globale pour que celle-ci accorde à la différence des moyennes par sexe un signe ou au moins une amplitude qui soient différents. On retrouve le problème de l'échantillonnage des variables : une comparaison globale entre les sexes n'aurait de sens que sur une épreuve qui serait constituée par un échantillon représentatif des tâches devant être accomplies, dans les conditions habituelles de vie, par les individus des deux sexes. Or, on ne sait pas définir un échantillon représentatif de tâches, ni même si ce problème a un sens.

Les estimations effectuées par des observateurs sur le comportement des filles et des garçons, et même les auto-portraits et les auto-estimations, reflètent à la fois des différences de comportement pouvant être foncières et le fait que l'observateur s'attend à ce qu'un garçon se conduise d'une certaine façon, une fille d'une autre façon. Les intéressés eux-mêmes conforment plus ou moins leur conduite à ces « rôles ».

Le choix des groupes de sujets devant servir à la comparaison présente également une grande importance. Les influences liées au sexe (éducation, tâches traditionnelles, « rôle ») varient, en effet, d'un milieu à un autre. On peut expliquer ainsi, par exemple, le fait que la différence des moyennes entre garçons et filles varie souvent, pour le même test, lorsqu'on passe du milieu rural au milieu urbain (« interaction » entre le sexe et le milieu). Il peut arriver également que, dans un même milieu, les deux groupes soient inégalement sélectionnés : au-delà de l'âge de la scolarité obligatoire, il est possible dans certains cas que les garçons réussissant mal dans leurs études les abandonnent plus tôt que les filles de même niveau. Or, les travaux sur la psychologie différentielle des sexes expriment souvent leurs conclusions sous une forme très générale, même lorsqu'ils n'ont porté que sur des groupes restreints et très particuliers. Le postulat implicite, sur lequel reposent de telles généralisations, est que les caractères sexuels sont universels et que le problème de la représentativité de l'échantillon ne se pose pas dans un tel domaine. Cette hypothèse, beaucoup trop simple, est sans doute responsable pour une large part des divergences qui peuvent être relevées dans les résultats obtenus. Si l'on recherche des résultats descriptifs généraux, il faut se limiter aux enquêtes ayant porté sur de larges échantillons extraits, suivant des règles qui assurent leur représentativité, de populations définies. De telles enquêtes, complexes et coûteuses, sont relativement rares. Nous emprunterons quelques données relatives aux différences entre sexes à certaines de ces enquêtes (qui n'avaient pas pour objet spécifique l'étude de la question que nous traitons ici).

Deux enquêtes, organisées en Écosse en 1932 et en 1947 (sous la direction de G. H. Thomson), ont porté sur tous les enfants de 11 ans présents à l'école (30 000 à 40 000 de chaque sexe). Dans un test collectif verbal, les filles obtiennent des résultats identiques en moyenne à ceux des garçons en 1932, des résultats légèrement supérieurs en 1947. La dispersion est toujours supérieure chez les garçons. Une échelle individuelle (Terman-Merrill), appliquée parallèlement à quelques centaines d'enfants, fournit des résultats moyens supérieurs chez les garçons. Si l'on compare des enfants ayant le même quotient d'intelligence d'après l'échelle individuelle, on constate que les filles obtiennent un résultat moyen supérieur dans le test verbal (1949, 1953).

L'Institut National d'Études Démographiques a organisé en France, en 1944, une enquête portant sur 100 000 enfants de 6 à 12 ans et utilisant un test d'intelligence où les questions se présentaient sous forme d'images (test de R. Gille).

De très faibles différences sont observées entre les moyennes des deux sexes. Ces différences s'établissent d'abord en faveur des filles, puis, après l'âge de 9 ans, en faveur des garçons. La dispersion est plus grande chez les garçons, surtout en milieu rural (1950, 1954).

L'Institut National d'Étude du Travail et d'Orientation Professionnelle a effectué des enquêtes utilisant chacune plusieurs épreuves, de nature différente. De telles enquêtes ont porté sur l'ensemble des élèves achevant leur classe de 5e en 1962 dans le département du Loiret, ou sur un échantillon national représentatif de 10 000 enfants achevant leur classe de 3e en 1964.

Dans l'enquête du Loiret, les résultats scolaires paraissaient légèrement supérieurs chez les filles en ce qui concerne le Français, légèrement supérieurs chez les garçons en ce qui concerne le Calcul, au niveau du Cours Moyen. Globalement, les résultats scolaires sont un peu meilleurs chez les filles. Dans les tests psychologiques, c'est l'inverse, les garçons témoignant d'une légère supériorité, un peu plus marquée dans les épreuves non verbales. On attribue à une différence d'attitude à l'égard du travail scolaire la différence observée entre résultats scolaires et résultats aux tests. Les observations pratiquées par les enseignants et également comparées paraissent confirmer cette interprétation (1965).

Dans l'enquête réalisée en fin de 3e, les résultats relatifs aux tests permettent les mêmes constatations : les garçons sont supérieurs en moyenne dans toutes les épreuves, mais le sont davantage dans les épreuves non verbales (numériques ou spatiales). Les dispersions sont toujours plus grandes chez les garçons. Les corrélations entre épreuves sont très voisines pour les deux sexes (1967). Dans la même enquête, deux questionnaires d'intérêts (comportant 72 questions communes aux deux sexes et 36 questions propres à chacun d'eux) ont été également appliqués. Les intérêts des filles paraissent orientés davantage vers les personnes (relations individuelles, préoccupations altruistes, sciences humaines), alors que ceux des garçons le sont davantage vers les choses (techniques, sciences de la nature, construction, fabrication d'objets) (1967). En ce qui concerne les connaissances scolaires, estimées dans cette enquête par des épreuves normalisées, on constate une supériorité des filles dans le domaine littéraire, une supériorité des garçons en mathématiques. Les dispersions sont, le plus souvent, supérieures chez les garçons.

La plus étendue des enquêtes de ce type a été réalisée aux États-Unis par J. C. Flanagan. C'est le « projet Talent ». Elle a porté sur 440 000 élèves de 9e, 10e, 11e et 12e « grades », échantillon représentatif de la population scolaire des États-Unis à ces niveaux, qui ont dû répondre, deux jours durant (en 1960), à environ 2 000 questions comprenant notamment plus de 30 tests de différents types. Dans la masse considérable de résultats qui ont été déjà fournis, le lecteur peut relever des données relatives aux différences entre sexes, indications qui, pour l'essentiel, confirment celles qui précèdent. En ce qui concerne les tests, les épreuves verbales sont mieux réussies par les filles, qui l'emportent également dans des tâches de lecture de tables, de vérifications, etc. Les filles éprouvent des intérêts plus marqués que ceux des garçons à l'égard des activités littéraires, musicales, artistiques, sociales et aussi à l'égard des travaux de bureau. Les garçons sont intéressés davantage par les autres domaines d'activité, notamment les sciences, les techniques, les affaires et le sport. En ce qui concerne une « aptitude scolaire générale », comprenant l'Anglais, les Mathématiques, le raisonnement abstrait, la compréhension de la lecture, etc., les filles sont nettement supérieures aux garçons au niveau du 9e grade, moins supérieures au 10e grade, égales au niveau du 11e grade et légèrement inférieures au 12e grade. Les dispersions des garçons sont, le plus souvent, supérieures à celles des filles (1964).

On voit que le tableau général des observations pratiquées sur des groupes étendus est très cohérent. En ce qui concerne la forme prise par les résultats, on constate plusieurs fois une dispersion plus grande au sein du groupe des garçons ; lorsque les différences entre sexes évoluent avec l'âge, elles le font en faveur des garçons. Les résultats moyens sont beaucoup plus souvent en faveur des garçons qu'en faveur des filles. Cependant, celles-ci sont supérieures (ou moins inférieures) dans le domaine verbal. Elles peuvent l'emporter globalement dans les résultats scolaires (au moins dans les débuts de la scolarité), sans doute par une attitude générale plus favorable au travail scolaire. Les garçons sont supérieurs surtout dans les épreuves spatiales, et en matière de techniques, de sciences, de mathématiques. Les intérêts mesurés chez les deux sexes se conforment à peu près aux stéréotypes communs (S. Larcebeau, 1967). Répétons que ces différences ne portent que sur des moyennes et que, dans tous les cas, il s'établit de larges recouvrements entre les distributions des résultats observés, ce qui signifie qu'il existe toujours, dans le groupe « inférieur », un très grand nombre d'individus dont les résultats sont égaux ou supérieurs au résultat moyen du groupe « supérieur ».

Une remarque de portée très générale peut être faite devant de tels tableaux descriptifs : leur contenu est fourni par certains dispositifs de mesure appliqués à certains phénomènes, et il dépend à la fois du dispositif et du phénomène. La remarque est très générale, puisqu'aucun phénomène n'est accessible autrement que par l'usage d'un certain « dispositif » (ne serait-ce que le langage commun). Elle est particulièrement importante en psychologie différentielle, et s'illustre facilement dans le domaine des différences liées au sexe. Nous avons déjà signalé que la plupart des échelles globales d'intelligence avaient été composées de questions choisies de façon à minimiser la différence des résultats moyens obtenus par les deux sexes. L'observateur peut adopter un autre point de vue, qui lui permettra au contraire d'apercevoir aussi bien que possible des différences.

Ce second point de vue a été recherché dans la construction d'échelles de masculinité-féminité. Des auteurs comme L. M. Terman et C. C. Miles (1936) ont choisi des questions relatives aux attitudes et aux intérêts en fonction de leur pouvoir discriminatif. Seules ont été retenues les questions pour lesquelles hommes et femmes se différencient le plus : goût de l'aventure, activités extérieures à la maison, activités physiques, intérêt à l'égard des machines, des outils, de la science, des inventions (questions dans lesquelles les hommes l'emportent sur les femmes) ; intérêts relatifs aux activités domestiques, à l'art, aux occupations sédentaires, orientées vers une aide apportée à autrui (questions correspondant davantage aux intérêts féminins). Chaque individu, quel que soit son sexe, peut alors être interrogé à l'aide de cette échelle, et témoigner d'intérêts et d'attitudes qui le classent plus près des réponses habituelles des hommes ou plus près des réponses habituelles des femmes. On reconnaît ici, du point de vue méthodologique, la démarche qui est suivie dans les travaux utilisant les fonctions discriminantes de R. Fisher. On voit apparaître l'idée que la discontinuité que nous établissons de façon rigoureuse entre les deux sexes pourrait n'être, à certains égards, qu'une schématisation traditionnelle. Cette idée est à retenir lorsqu'on s'efforce d'envisager les causes possibles des différences psychologiques entre les sexes.

Les causes auxquelles on pense d'abord, en matière de différences sexuelles, sont les causes biologiques. On sait en effet que le sexe est déterminé, chez l'homme, par l'une des 23 paires de chromosomes. Cette paire de « chromosomes sexuels » est composée, dans l'œuf devant produire une fille et dans chaque cellule de l'organisme féminin, par deux chromosomes semblables, XX ; dans l'œuf devant produire un garçon et dans chaque cellule de l'organisme masculin, par deux chromosomes différents, XY. On sait également que l'apparition et le développement des caractères sexuels masculins sont placés sous la dépendance d'hormones androgènes, alors que les caractères sexuels féminins dépendent d'hormones œstrogènes, ces deux catégories d'hormones étant sécrétées, dans des proportions variables, par l'organisme mâle et par l'organisme femelle. Le problème est alors de savoir si les différences de comportement entre les sexes, qui concernent le psychologue, peuvent être attribuées directement ou indirectement à ces différences biologiques. Un bon aperçu sur ces travaux est donné par D. A. Hamburg et D. T. Lunde (E. E. Maccoby, 1967).

En ce qui concerne les conséquences directes des différences chromosomiques entre les sexes, l'expérimentation est impossible, et l'on en est réduit à quelques observations. On a été conduit à penser que le chromosome Y comporte d'autres gènes que ceux qui gouvernent directement la détermination du sexe. Certains d'entre eux seraient notamment responsables du fait que l'homme est beaucoup plus vulnérable que la femme à l'égard d'un grand nombre de maladies. Ce fait peut avoir des conséquences directes sur la mortalité, plus forte chez les hommes (encore que la répartition systématique des conduites sociales entre les deux sexes ne permette pas de conclure), et des conséquences indirectes sur certains aspects des conduites caractéristiques de chaque sexe.

Les expériences et les observations peuvent porter plus facilement sur le rôle des hormones. Les progrès de la neuro-endocrinologie ont mis en évidence un fait général qui est important pour le psychologue : les interactions entre le système nerveux central et le système endocrinien. En effet, les influences du milieu, directement perçues par le système nerveux central, peuvent ainsi s'exercer indirectement sur les mécanismes des régulations endocriniennes. Dans le domaine sexuel, on ne peut écarter l'hypothèse que l'âge de la puberté dépende pour une part d'un processus de ce genre. Il est tout à fait notable, en tout cas, que la puberté se produit de plus en plus tôt dans le développement (l'âge de la puberté chez les filles serait passé de 16-17 ans en 1860 à 12-13 ans en 1960). On a constaté, par ailleurs, que la précocité pubertaire n'avait pas les mêmes conséquences, ou au moins n'était pas associée aux mêmes caractères, chez les filles et chez les garçons : les filles précoces jouissent de moins de prestige que les autres, au sein de leur groupe, alors que c'est l'inverse chez les garçons. Le rôle des hormones dans la différenciation sexuelle du comportement a pu faire l'objet d'expérimentation chez le singe. L'administration prénatale d'hormones androgènes a suscité chez la jeune guenon le développement de comportements sociaux habituellement observés chez les mâles, notamment une agressivité accrue. Ces comportements continuent à se manifester alors que l'hormone a disparu de l'organisme. On peut se demander si l'action de l'hormone, pendant une certaine période du développement du cerveau, ne produit pas sur les circuits nerveux des modifications qui rendent plus facile l'acquisition ultérieure de comportements agressifs.

Un autre facteur biologique associé aux différences psychologiques observées entre les sexes est peut-être à rechercher dans des degrés différents, chez les hommes et chez les femmes, de spécialisation fonctionnelle hémisphérique. On sait que les deux hémisphères du cerveau assument des fonctions en partie différentes. Alors que, chez les droitiers, l'hémisphère gauche est essentiellement concerné par le fonctionnement du langage, l'hémisphère droit joue le rôle principal dans l'orientation spatiale et, de façon générale, dans le traitement des informations spatiales, non verbales. Selon certaines recherches, cette spécialisation des hémisphères cérébraux serait moins marquée en moyenne chez les femmes que chez les hommes, et cette hypothèse a paru en accord avec certaines différences de comportement observées en moyenne entre les deux sexes.

Les hypothèses fondamentalement biologiques sur l'origine des différences de comportement liées au sexe font souvent une place à l'action du milieu. Cette action du milieu, et spécialement du milieu social, est prise en considération de façon essentielle ou même exclusive par certains autres travaux. On a pu, pour défendre cette façon de voir, faire état d'observations pratiquées sur des individus qui, à la suite d'une malformation des organes génitaux, ont été élevés pendant plusieurs années selon les règles éducatives habituellement appliquées aux enfants de l'autre sexe. Ces individus auraient acquis de façon complète les conduites de ce sexe qui n'était le leur ni au point de vue génétique, ni au point de vue hormonal. Mais ces observations ont été contestées et il est plus vraisemblable de penser que l'acquisition des « rôles » assignés socialement à chacun des deux sexes est facilitée par les facteurs sexuels biologiques. Ce qui n'est contesté par personne, c'est la part importante que joue, dans des conditions normales, l'apprentissage social de façons de se comporter qui sont attendues chez les individus d'un certain sexe, et que l'on désigne sous le nom de « rôle ».

2. *Le milieu culturel*

Des groupes d'individus peuvent être distingués *a priori*, au sein d'une population, en fonction de critères observables dont on dira qu'ils définissent le « milieu culturel ». La notion de « culture » est prise ici dans son sens large, anthropologique, et l'on parle, en des sens très voisins ou même confondus, de milieux « social » ou « socio-économique ». Les groupes distingués sur la base de ces critères sont souvent appelés des « classes », mais il convient, si on utilise ce terme en psychologie différentielle, de ne l'employer qu'en un sens descriptif, défini de façon opérationnelle par les critères observables utilisés.

Ces critères peuvent être complexes et globaux, dans la tradition des recherches anthropologiques. Différentes communautés américaines (des agglomérations urbaines plus ou moins importantes et situées dans différentes régions des États-Unis) ont été le lieu de recherches entreprises dans cet esprit en vue de déterminer en combien de classes elles pouvaient être décrites. Plusieurs de ces travaux ont été dirigés par W. L. Warner pendant et immédiatement après la seconde guerre mondiale. Les enquêteurs vivent longuement dans la communauté et décrivent les groupements spontanés qui s'y forment (pour manger et boire, pour échanger des visites, pour converser, pour choisir un conjoint, etc.). Les résultats s'expriment souvent, pour la société américaine, en six classes qui sont hiérarchisées d'après le prestige dont elles jouissent : une première division en trois classes (supérieure, moyenne, inférieure) est affinée par une subdivision de chacune de ces classes en deux (supérieure et inférieure).

Si l'on veut déterminer à laquelle de ces classes appartient un individu donné, on est amené à utiliser des critères plus facilement observables, et ceux-ci sont les suivants : activité professionnelle, origine des ressources, type de maison habitée, type de quartier habité. Une grande variété de critères de ce genre peuvent être utilisés, concernant d'autres aspects de la culture (par exemple le niveau ou le type des études effectuées par le sujet lui-même ou par ses parents), ou concernant des aspects plus précis de certains des critères précédents (nombre de pièces dans la maison, alimentation, nombre de livres ou de périodiques possédés par la famille, etc.). Plusieurs critères peuvent être combinés en un indice unique et plusieurs procédés de ce genre ont été proposés et employés. L'un des premiers a été utilisé en France par H. Laugier, D. Weinberg et L. Cassin dans une enquête publiée en 1939 sur les caractères biotypologiques des enfants en relation avec les conditions de vie des familles : il se fonde à la fois sur les conditions d'habitation, le budget, la fréquence des repas carnés. L'emploi de tels indices se justifie par le fait que des corrélations importantes existent souvent entre les différents critères observables dont quelques-uns viennent d'être évoqués. On peut d'ailleurs analyser plus finement ces corrélations pour essayer de distinguer des dimensions relativement indépendantes dans le milieu culturel, c'est-à-dire des groupes relativement homogènes parmi les critères qui servent à le définir.

On constate souvent que la profession (ou, pour des enfants, la profession du père) est un critère qui apporte à lui seul une part importante de l'information contenue dans les autres, et un grand nombre de travaux de psychologie différentielle utilise la profession comme variable indépendante. L'usage de cette variable n'est d'ailleurs pas aussi simple qu'on pourrait le croire. Il faut, en effet, choisir un type de classification des professions, et il en existe plusieurs, fondés sur des principes différents. En France, l'Institut National de la Statistique et des Études Économiques (I.N.S.E.E.) utilise une classification des métiers ou « activités individuelles » reposant essentiellement sur la formation professionnelle des individus (tourneur sur métaux qualifié, sténodactylographe, etc.), une classification selon l'activité des établissements ou entreprises dans lesquels les personnes travaillent (usine de construction d'automobiles de l'industrie privée, banque du secteur nationalisé, etc.), une classification selon la situation dans la profession ou « statut » (indépendants sans salarié, employeurs, apprentis sous contrat, etc.). Mais celle de ces classifications de l'I.N.S.E.E., qui concerne le plus directement le psychologue ou le sociologue, est la classification en catégories et groupes socio-professionnels. Elle propose, en effet, quelques grandes catégories présentant chacune une certaine homogénéité sociale. Il faut entendre par là que chacune de ces catégories rassemble en principe des personnes susceptibles d'entretenir entre elles des relations personnelles, d'avoir souvent des comportements ou des opinions analogues, de se considérer elles-mêmes comme appartenant à une même catégorie et d'être considérées par les autres comme appartenant à une même catégorie. Dix groupes socio-professionnels sont définis[1] : agriculteurs exploitants, salariés agricoles, patrons de l'industrie et du commerce, professions libérales et cadres supérieurs, cadres moyens, employés, ouvriers, personnels de service, autres catégories, personnes non actives. La plupart de ces groupes se subdivisent en quelques catégories, ce qui permet à chaque utilisateur d'adapter le code à ses besoins et à ses possibilités. Par exemple, le groupe ouvrier est souvent subdivisé en utilisant certaines au moins des catégories prévues, qui sont les suivantes : contremaîtres, ouvriers qualifiés, ouvriers spécialisés, mineurs, marins et pêcheurs, apprentis ouvriers, manœuvres. Bien entendu, cette notion d' « homogénéité sociale » reste relative, assez vague, et les différents critères qui s'efforcent de la définir ne sont pas nécessairement cohérents dans tous les cas. Il est intéressant de remarquer, d'un point de vue méthodologique, que ce sont les résultats obtenus par les sociologues et les psychologues utilisant cette classification qui contribuent à la fonder : l'adoption provisoire de cette classification se trouve justifiée *a posteriori* dans la mesure où les résultats des enquêtes révèlent que les comportements et les attitudes observés sont effectivement plus homogènes à l'intérieur de chacune des catégories qu'ils ne le sont dans la population globale. On voit que les enquêtes différentielles n'ont pas toujours pour seul objet de vérifier l'existence d'une liaison entre une variable indépendante et une variable dépendante, comme dans le schéma de l'expérimentation classique. Elles ont aussi pour objet, en utilisant les liaisons observées, d'apporter des précisions sur la définition même de chacune de ces variables et en particulier, ici, sur la définition de cette variable indépendante qu'est la catégorie socio-professionnelle. Une classification

1. Se reporter, pour ces définitions, aux publications de l'I.N.S.E.E., notamment au *Code des catégories socio-professionnelles.*

d'un certain type et d'une certaine finesse étant adoptée, il faut enfin classer chaque sujet. Il est souvent difficile d'obtenir des renseignements assez précis sur l'activité professionnelle effective de chacun pour procéder à ce classement sans erreur.

Ces difficultés, qui sont évoquées d'un mot à propos de ce critère relativement simple qu'est la profession, se retrouvent sous d'autres formes lorsque d'autres critères sont employés. On comprend que le problème de savoir quelle est la fraction de la variance interindividuelle explicable par « le milieu » est difficile à poser en termes suffisamment précis pour qu'il puisse recevoir une solution précise.

Tout ce qui précède concerne les variables « indépendantes », c'est-à-dire ici celles qui permettent de distinguer des groupes de sujets sous l'angle du milieu culturel. Si l'on veut comparer ces groupes, il faudra choisir des variables « dépendantes » servant d'instruments de comparaison, et ce choix soulève une autre catégorie de problèmes, qui ont été déjà rencontrés à propos de la comparaison d'individus de sexe différent.

Les sujets appartenant à des milieux culturels différents ont, dans bien des domaines, des expériences et des habitudes de vie différentes. Si l'on utilise pour la comparaison de ces sujets des épreuves faisant directement appel à ces expériences spécifiques (comme l'a fait M. E. Shimberg, en 1929, pour un groupe de ruraux et un groupe d'urbains), on ne s'étonnera guère de constater que chaque groupe l'emporte dans l'épreuve qui fait directement appel à son expérience propre. Un problème beaucoup plus intéressant est de savoir quels sont les effets généraux, sur le développement intellectuel, de milieux culturels différents. Ce problème ne comporte pas de solution empirique directe. En effet, on peut s'efforcer de construire des épreuves pour lesquelles les différences entre milieux culturels se révèlent empiriquement aussi faibles que possible, comme l'ont fait

R. B. Cattell (1940) ou A. Davis et K. Eells (1953), exactement comme l'on peut construire des échelles d'intelligence fournissant des résultats moyens aussi voisins que possible pour les deux sexes. Dans la mesure où l'on parvient à construire des épreuves répondant à ces normes (et cela paraît très difficile en ce qui concerne le milieu culturel), on dispose d'instruments qui ne défavorisent aucun individu en tant qu'appartenant à un certain sexe ou à un certain milieu. Mais il est évident que de tels instruments sont alors, par construction même, inadéquats pour permettre de déterminer l'influence éventuelle du milieu sur le développement. On pourrait ici revenir à l'idée, déjà rencontrée à propos des comparaisons entre sexes, d'utiliser comme instrument une épreuve constituée par un échantillon représentatif de tâches devant être accomplies, dans les conditions habituelles de vie, par tous les individus, à quelque milieu culturel qu'ils appartiennent. Une telle épreuve est assez difficile à concevoir et l'on pourrait, sans doute, contester son caractère représentatif par rapport à l'ensemble des tâches devant être accomplies par la population globale. On est donc amené à comparer des groupes culturels différents en utilisant successivement des tâches diverses, sans se dissimuler que l'interprétation de ces données comparatives ne saurait être simple et univoque.

La forme générale des données recueillies est très cohérente. Dans la quasi-totalité des enquêtes, on constate que les groupes culturellement favorisés obtiennent dans les tests des résultats moyens qui sont supérieurs aux résultats moyens observés sur des groupes culturellement défavorisés.

On observe très régulièrement ce résultat dans les enquêtes à grande échelle, utilisant un test unique considéré le plus souvent comme un test de niveau intellectuel. De telles enquêtes ont pu utiliser, en ce qui concerne les adultes, les données recueillies à l'occasion de la sélection psychotechnique des hommes incorporés dans les armées. Les deux guerres mondiales ont été l'occasion, aux États-Unis, d'applications très larges de tests tels que l'Army Alpha ou l'A.G.C.T. (Army General Classification Test), dont les résultats ont montré la liaison existant entre le niveau ou la nature de l'activité professionnelle et le niveau moyen dans le test. P.-E. Vernon a publié des résultats analogues observés sur des soldats britanniques, en 1943, en utilisant les « Matrices progressives » de J.-C. Raven. Il n'est pas possible de reproduire ici de façon détaillée ces résultats ni ceux qui ont été observés de façon analogue dans d'autres pays. On peut dire, en schématisant grossièrement, que les résultats moyens dans les tests décroissent lorsqu'on observe successivement les membres des professions libérales ou cadres supérieurs, les employés, les ouvriers qualifiés, les ouvriers spécialisés, les manœuvres et salariés agricoles. Il faut souligner que de larges recouvrements existent toujours entre ces groupes, avec une tendance, au moins dans certains tableaux de données, à une dispersion plus grande des résultats observés dans les groupes les moins qualifiés.

Un autre groupe d'enquêtes à large échelle est constitué par celles qui ont porté sur des enfants d'âge scolaire, enquêtes dont plusieurs ont été citées déjà à propos des différences liées au sexe. Le milieu culturel est souvent défini, dans ces enquêtes, par la profession du père de l'enfant examiné, ce qui exclut toute influence directe de l'activité professionnelle elle-même et oriente les interprétations vers des facteurs culturels intermédiaires plus globaux. Les résultats sont là aussi d'une très grande homogénéité. A titre d'exemple, citons les données, publiées en 1950, de l'enquête organisée par l'Institut National d'Études Démographiques sur 100 000 enfants français d'âge scolaire, enquête qui a utilisé le test non verbal de R. Gille. Quels que soient l'âge (entre 6 et 12 ans) et le sexe, les moyennes s'ordonnent de façon décroissante dans la série : professions intellectuelles et libérales, cadres industriels et commerçants, employés et fonctionnaires, ouvriers, cultivateurs.

D'autres enquêtes réalisées en France (au niveau du cycle d'observation ou au niveau de la classe de 3e), ou dans d'autres pays tels que les États-Unis, l'Écosse ou la Suède, à d'autres époques et avec des tests d'autres types, fournissent des résultats de formes si voisines qu'il serait fastidieux de les exposer successivement.

Plusieurs travaux, portant sur des enfants d'âges différents vivant dans des milieux culturellement défavorisés, ont mis en évidence une aggravation avec l'âge du handicap intellectuel caractérisant ces milieux. Il s'agit d'abord des travaux anciens (1923) de H. Gordon sur les enfants de mariniers et sur les enfants de gitans, travaux qui ont été suivis d'autres portant sur certains villages montagnards ou sur des zones très défavorisées socialement dans certaines grandes villes. Le fait paraît donc bien établi, mais son interprétation doit tenir compte de la nature des instruments utilisés : en général, des « échelles » de niveau mental dans lesquelles des épreuves différentes sont proposées à des âges différents, la partie verbale et abstraite prenant progressivement une importance accrue. La même remarque limite peut-être la portée d'une autre constatation, elle aussi connue depuis longtemps et plusieurs fois confirmée : les différences associées au milieu culturel sont très faibles chez des enfants dont l'âge est inférieur à 12 ou 18 mois. On sait que les *baby tests* utilisables à ces âges sont essentiellement sensori-moteurs et ne présentent que de faibles corrélations avec le développement intellectuel ultérieur.

Ces remarques conduisent à se demander comment varient les différences associées au milieu culturel, lorsqu'on les analyse à l'aide de plusieurs épreuves de nature différente au lieu de les estimer par une épreuve unique de niveau global.

Pour l'immense majorité des tests, les différences associées au milieu culturel gardent le même signe : les milieux culturellement favorisés réussissent mieux, *en moyenne*, que les milieux culturellement défavorisés. Les très rares exceptions à cette règle concernent des épreuves paraissant directement liées à des activités propres à un milieu donné, comme dans l'expérience de M. E. Shimberg déjà citée. On peut également relever que, dans une recherche de L. L. Janke et R. J. Havighurst (1945), les résultats à un test d'assemblage mécanique appliqué à des garçons de 16 ans sont meilleurs en moyenne pour le groupe socialement défavorisé. Mais le fait que ce groupe ne compte que 13 individus, et que le résultat ne se retrouve ni chez les garçons de 10 ans, ni chez les filles, limite la portée de cette observation. Dans l'enquête réalisée en France sur plus de 10 000 élèves des classes de 3e, les résultats moyens dans un test numérique ne s'ordonnent pas suivant le niveau professionnel comme le font les autres tests : pour le test numérique, les salariés agricoles et agriculteurs réussissent presque aussi bien chez les filles, un peu mieux chez les garçons que la catégorie des cadres supérieurs (F. Bacher, A. Nguyen Xuan, 1967). Mais ce sont là des exceptions et, dans les travaux des auteurs américains et français qui viennent d'être cités, comme dans les travaux d'un grand nombre d'autres auteurs, on constate en général que le classement des moyennes selon la catégorie culturelle reste à peu près le même, quel que soit le test. L'une des recherches les plus étendues et les plus systématiques dans ce domaine est celle dont les résultats ont été publiés en 1951 par K. Eells, A. Davis, R. J. Havighurst, V. E. Herrick, R. W. Tyler, sous le titre *Intelligence and cultural differences*. Huit tests collectifs de natures différentes furent appliqués à tous les enfants de 9 ans, 10 ans, 13 ans et 14 ans d'une ville américaine. Le statut socio-culturel de chaque enfant fut également déterminé avec soin. La comparaison des résultats obtenus par des enfants de statuts différents fut faite pour chacune des questions de ces tests. Le groupe culturellement défavorisé n'obtient une réussite meilleure que pour 19 questions sur 334 chez les jeunes et pour 3 questions sur 324 chez les plus âgés. On fait des constatations de même type dans les enquêtes scolaires utilisant plusieurs tests de natures différentes, notamment dans les enquêtes qui ont été réalisées en France par l'Institut National d'Étude du Travail et d'Orientation Professionnelle (I.N.O.P.) sur l'ensemble des élèves suivant le cycle d'observation dans un département (F. Bacher, M. Reuchlin, 1965), ou sur les élèves de la classe de 3e (M. Reuchlin, F. Bacher, 1969).

Mais, dans tous ces travaux, on constate que l'amplitude des différences constatées entre résultats moyens observés sur des groupes socio-professionnels différents n'est pas la même pour toutes les catégories de tests. Là encore, les résultats sont dans l'ensemble très cohérents. Les épreuves verbales sont celles pour lesquelles les différences sont les plus grandes. Les épreuves utilisant des images, des dessins, surtout si elles n'exigent pas un niveau élevé d'abstraction ni le respect de consignes complexes, sont celles pour lesquelles les différences sont les plus faibles. Les épreuves dans lesquelles on manipule un matériel (tests « de performance ») suscitent des différences moindres que celles dans lesquelles on doit répondre par écrit à des questions écrites (comme dans les tests collectifs « papier-crayon »). Les épreuves dans lesquelles la vitesse intervient handicapent davantage certains milieux culturels (les ruraux, les personnes vivant dans des pays présentant un retard dans le développement économique).

Si l'ensemble de ces constatations ne présente guère de divergences que sur des points mineurs, il n'en va plus de même en ce qui concerne les explications ou interprétations qu'elles ont suggérées, et il n'est guère besoin de dire que certaines de ces divergences paraissent être suscitées par des prises de position extra-scientifiques, contre lesquelles il faut, dans ce domaine, être particulièrement en garde.

Un premier type d'interprétation consiste à affirmer que les différences observées sont des artefacts entièrement attribuables à la nature des instruments de mesure utilisés, des tests en général. Les questions de ces tests seraient choisies de telle façon qu'elles favoriseraient les individus appartenant à une certaine classe sociale au détriment des autres. On peut, tout d'abord, écarter l'éventuel procès d'intention en faisant remarquer qu'il existe des psychologues de toute opinion et que ce fait n'a pas introduit d'incohérence dans les résultats qui viennent d'être brièvement rapportés. De façon plus générale, on peut dire que toute mesure est en partie un artefact, puisqu'elle dépend autant de la nature de l'instrument de mesure que des faits auxquels on l'applique. On ne progresse dans la connaissance de ces faits qu'en comparant les résultats obtenus à l'aide du même instrument appliqué à des faits différents ou à l'aide d'instruments différents appliqués aux mêmes faits. Ces deux démarches ont été utilisées dans le domaine qui nous concerne ici, et l'on a vu combien les résultats obtenus ont été cohérents. La thèse de l'artefact paraît donc très difficile à défendre. Il en résulte que les tests construits de façon à minimiser les différences de moyennes entre milieux culturels différents *(culture-free* ou *culture-fair)* ne peuvent être considérés comme absolument supérieurs aux autres. Ils constituent une classe particulière d'instruments, peu sensibles à ces facteurs culturels de différenciation, ce qui les rend effectivement mieux adaptés à l'étude d'une certaine classe de problèmes, comme d'autres tests peuvent être mieux adaptés à d'autres problèmes.

Si l'on admet alors, en ce sens, la « réalité » des différences liées à la culture, on se trouve devant trois explications causales, entre lesquelles il n'est pas possible de choisir actuellement, et qui d'ailleurs ne s'excluent pas.

Ces différences pourraient avoir en partie des causes génétiques. Les défenseurs de cette idée constatent que de larges différences individuelles existent au sein de chaque groupe culturel. Ils considèrent que les individus les mieux doués ont plus de chances que les autres d'accéder aux niveaux culturels les plus élevés. Ils constatent que les mariages sont plus fréquents entre individus appartenant au même groupe culturel. Si ces constatations et ces hypothèses étaient exactes, il se produirait une sorte de sélection sociale analogue génétiquement à celle qui est pratiquée par les éleveurs. Il est difficile de rejeter complètement le jeu d'un tel mécanisme. Mais il faut remarquer que la transmission génétique des différences individuelles concernant le psychologue est trop mal connue pour que l'on puisse avoir une opinion sur l'importance du rôle joué par ce processus de sélection.

Sans être d'origine génétique, les handicaps liés au milieu culturel pourraient acquérir assez vite, pour chaque individu, un caractère irréversible. Cette thèse est soutenue par ceux qui, comme H. Piéron, insistent sur l'importance décisive des premières années de la vie pour le développement individuel. On peut ici expérimenter sur l'animal et constater, par exemple, qu'un singe élevé à l'obscurité complète pendant les premiers mois de sa vie reste définitivement aveugle par la suite, bien qu'aucune lésion de l'appareil sensoriel ne se soit produite. On peut aussi rapporter quelques exemples d'enfants qui, à la suite de circonstances exceptionnelles, ont été élevés en dehors de tout contact humain. Retrouvés après quelques années, ils se montrent définitivement incapables d'acquérir le langage. Par contre, un enfant transféré dès les premiers mois de sa vie d'un milieu culturel extrêmement défavorisé (tribu indienne très primitive) à un milieu de culture avancée se développe intellectuellement comme les enfants nés dans le milieu d'adoption. Le caractère exceptionnel de ces observations ne permet pas, là non plus, d'avoir une opinion sur l'importance du rôle joué par les conditions dans lesquelles se déroulent les premières années de la vie, lorsque ces conditions varient relativement peu d'un individu à un autre. On doit cependant souligner, en partie pour les raisons ci-dessus et en partie pour de simples raisons pédagogiques, l'importance décisive des premières années de la scolarité et l'intérêt qui s'attache à une tutelle psychologique s'exerçant dès ce niveau.

Enfin, il n'est pas douteux qu'une partie des différences liées au milieu culturel est acquise par l'individu et modifiable pendant une assez longue période de sa vie. Cette hypothèse correspond à des constatations pédagogiques si nombreuses qu'il n'est guère besoin de la développer et de la justifier. Dans cette perspective, le problème serait de savoir comment se produit le déclin des capacités d'éducation, déclin qui correspond lui aussi à une expérience trop commune pour exiger une argumentation précise. Il semble que ce déclin ne se produise pas à la même vitesse dans des milieux culturels différents, la pratique d'une activité intellectuelle paraissant le retarder.

Cette troisième hypothèse pose l'important problème des mécanismes par lesquels s'établit la relation observée entre le milieu culturel et le développement intellectuel. On s'est efforcé de rechercher quelles sont les conditions de vie qui, parmi toutes celles qui varient d'un milieu culturel à un autre, pourraient exercer l'influence la plus grande sur le développement.

On s'est demandé notamment quelle influence exerçait le caractère urbain ou rural de l'habitat. Les ruraux obtiennent, en général, des résultats moyens inférieurs à ceux qui sont obtenus par les urbains. Ce fait peut, sans doute, être expliqué pour une part en invoquant le caractère sélectif de la migration des campagnes vers les villes. Dès 1938, N. P. Gist et C. D. Clark constataient aux États-Unis que des Q.I. égaux ou supérieurs à 105 s'observaient chez 27 % des migrants et 17 % des non-migrants, alors que des Q.I. inférieurs à 95 s'observaient chez 39 % des migrants et 53 % des non-migrants. Mais les différences dans les conditions de vie à la campagne et à la ville jouent certainement un rôle. On peut en voir une preuve dans le fait, rapporté par plusieurs auteurs, que les différences observées entre urbains et ruraux augmentent avec l'âge, au cours du développement de l'enfant. Parmi ces conditions de vie, certaines ne sont liées qu'indirectement au caractère urbain ou rural de l'habitat : les catégories socio-professionnelles ne sont pas réparties également entre les deux types de régions, les catégories favorisées étant plus largement représentées dans les villes. Les analyses dans lesquelles on a comparé les habitats en maintenant constant le facteur socio-professionnel ont montré que l'influence de l'habitat en tant que tel devenait beaucoup plus faible (P. E. Vernon, 1947 ; F. Bacher et M. Reuchlin, 1965). Si l'on maintient constants à la fois le niveau socio-professionnel et le niveau scolaire, comme l'a fait G. Carlsson (1954) pour les conscrits suédois, les différences entre urbains et ruraux deviennent négligeables.

Un autre aspect des différences dans les conditions de vie caractérisant des milieux culturels différents concerne les pratiques et les attitudes éducatives des parents. D'après les études réalisées aux États-Unis sur les pratiques éducatives et le climat familial, il semble que, dans les milieux culturels moyens et supérieurs, les parents adoptent une attitude plus directive, exigent une adhésion plus étroite de l'enfant aux valeurs et aux règles de vie familiales, lui imposent beaucoup plus souvent de différer la satisfaction de ses besoins ou de ses tendances. Simultanément, les contacts sont plus étroits et les échanges (notamment les conversations) sont beaucoup plus nombreux entre adultes et enfants, dans ces familles. Une enquête française sur les élèves de la classe de 3e a montré de larges différences d'attitude familiale, selon les milieux socio-culturels, à l'égard de la prolongation de la scolarité et de la profession souhaitée pour l'enfant : les milieux les moins favorisés sont moins favorables à des études longues et apprécient davantage la considération, l'absence de responsabilité, la régularité des horaires de travail, l'absence de déplacement ; les milieux plus favorisés adoptent plus rarement ces attitudes et recherchent plus souvent l'intérêt des études, les initiatives, les responsabilités, les perspectives de promotion (M. Reuchlin, F. Bacher, 1969). On peut, sans doute, rapprocher ces constatations de celles qui ont été faites par des enquêteurs américains comme J. W. McConnell (1942), qui ont relevé un plus grand intérêt pour la sécurité dans les milieux socio-professionnels inférieurs, un plus grand intérêt pour la promotion dans les milieux socio-professionnels supérieurs. Bien entendu, de telles constatations se comprennent aisément. On doit cependant souligner la gravité du problème qu'elles posent : ces attitudes tendent à accentuer avec le temps les différences éducatives et professionnelles qui existent entre les familles à une date donnée. Il est donc très important que des mesures éducatives appropriées corrigent les effets de certaines de ces tendances.

On peut relever un caractère commun aux deux catégories de travaux auxquelles il vient d'être fait allusion. Visant en principe à éclairer le mécanisme par lequel une relation s'établit entre le milieu culturel et le développement intellectuel, ces travaux se limitent en fait à décrire des associations entre ce développement et certains aspects du milieu. Cette démarche n'est pas inutile. Elle permet de préciser les termes du problème à résoudre. Mais une explication en termes de mécanisme d'action ne peut être atteinte par la simple description d'associations statistiques qui peuvent toujours, au moins théoriquement, s'expliquer autrement que par l'existence d'un lien causal entre les variables dont on constate l'association. Il est nécessaire ici d'utiliser une hypothèse sur le mécanisme dont il s'agit et de chercher si les faits sont compatibles avec les déductions que l'on peut tirer de cette hypothèse. Une telle hypothèse ne peut être déduite que d'une théorie générale du développement intellectuel. La théorie de Piaget paraît pouvoir offrir de telles possibilités. Cette théorie met au premier plan l'action du sujet. Le développement ne s'opère ni par l'actualisation de virtualités innées entièrement déterminantes, ni par l'enregistrement passif, par le sujet, des propriétés empiriques du milieu. Si le développement est construction, interaction entre l'action du sujet sur le milieu et les « réponses » de celui-ci, il devient évident que ce développement dépend des qualités respectives de ces deux « partenaires ». Or le mécanisme des relations entre l'enfant et le milieu a été précisé par la théorie générale et l'on peut essayer d'en déduire par lesquelles de ses propriétés le milieu peut être plus ou moins favorable au développement : richesse et variabilité des possibilités de manipulation et d'expérimentation, degré suffisant de répétition, caractère non aléatoire (organisé, structuré, prédictible) des différents aspects du milieu et des conséquences de l'activité du sujet, cohérence, existence de situation mettant en jeu le même schème ou la même opération sur des contenus différents, intervention de modifications virtuelles, etc. On peut alors analyser par l'observation et l'enquête des milieux au sein desquels on a constaté que le développement intellectuel moyen des enfants est inégal pour rechercher si ces milieux diffèrent sous l'angle des caractères ainsi déduits de la théorie générale. Une réponse affirmative constitue à la fois une explication des différences et une confirmation, voire un enrichissement, de la théorie générale (M. Reuchlin, 1972 ; J. Lautrey, 1980).

La dernière des remarques qui viennent d'être présentées conduit à dire quelques mots de la façon dont on peut considérer les implications sociales des constatations faites et des hypothèses explicatives avancées.

On peut penser tout d'abord que le problème dont il s'agit est un problème très général. Dans toutes les formes de société, des individus différents sont appelés à assumer de façon régulière des tâches de nature et de complexité différentes. Il paraît difficilement concevable que cette inévitable spécialisation n'entraîne pas des différences dans le milieu culturel que chaque famille constitue, et que ces différences culturelles n'aient pas à leur tour des incidences sur le développement des individus.

L'attitude consistant à nier l'existence même de ce problème, voire à condamner toute tentative pour en préciser objectivement les données, paraît difficilement soutenable. Elle détourne de la recherche d'une solution socialement acceptable, solution qui consiste à faire en sorte que le milieu culturel dans lequel vit un individu ne puisse être altéré par la nature des tâches que cet individu assume dans la société, et surtout que tous les enfants aient *effectivement* les mêmes possibilités de développement et d'éducation. Toutes les mesures facilitant la mobilité sociale et culturelle vont dans le sens de cette solution, et l'on peut répéter ici qu'une « tutelle » psychologique très précoce est certainement l'une des plus efficaces de ces mesures, dans le cadre d'un système social donné, quel qu'il soit.

Si l'on en reste aux observations faites dans l'état actuel des choses, il convient de souligner à nouveau l'importance des recouvrements qui peuvent être constatés dans toutes les enquêtes qui ont été mentionnées : un *pourcentage* important (bien qu'inférieur à 50 % dans la grande majorité des cas) des individus appartenant aux groupes culturellement défavorisés dépasse, dans tous les tests, le résultat moyen observé dans les groupes culturellement favorisés. On peut rapprocher cette constatation du fait que, dans la population générale, les groupes classés dans ces enquêtes comme « culturellement favorisés » ne constituent qu'une minorité. On est alors conduit à penser que le *nombre* des individus obtenant dans les tests un résultat supérieur est plus grand dans les groupes sociaux qui n'occupent, sur l'échelle des milieux culturels, qu'un niveau moyen ou inférieur. C'est une constatation qui ne doit pas être oubliée dans les discussions suscitées par ce problème. Elle se dégage notamment des travaux qui ont cherché à estimer le nombre des enfants qui, aptes à accomplir des études prolongées, n'entreprennent pas ces études. L'objet de ces travaux est parfois désigné, de façon optimiste, par l'expression « réserves d'aptitude ». On trouvera dans la bibliographie des références aux travaux d'auteurs comme K. Harnqvist, ou T. Husen et G. Boalt. En France, des recherches sur les « réserves d'aptitudes » ont été réalisées par F. Bacher dans le cadre d'une enquête sur des élèves de 3e suivis dans le cours du second cycle secondaire (*Bulletin de l'Institut national d'Etude du Travail et d'Orientation professionnelle*, numéro spécial de 1971).

CHAPITRE V

Facteurs génétiques et facteurs de milieu

1. *Le problème hérédité-milieu*

Le problème de l'origine des différences individuelles a déjà été évoqué dans le chapitre consacré au développement de la psychologie différentielle. Il se pose tout naturellement après les constatations relatives au caractère structuré et cohérent des différences individuelles (qui permet de distinguer des catégories de conduites et des catégories d'individus), et aux différences statistiquement liées au sexe ou au milieu culturel. C'est un problème à propos duquel des considérations extra-scientifiques infléchissent le plus facilement, consciemment ou non, la démarche du psychologue. Cette intervention d'échelles de valeurs extra-scientifiques est favorisée par les grandes difficultés auxquelles se heurtent ici les études objectives. L'impossibilité d'une intervention expérimentale directe sur des sujets humains fait que les données recueillies conservent toujours un certain degré d'ambiguïté. Une analyse approfondie de ces données exige assez vite un degré élevé de compétence technique en psychologie, en génétique et en statistiques. Dès 1966, une revue de 245 travaux sur la génétique du comportement (G. E. McClearn, W. Meredith, 1966) pouvait se terminer sur cette remarque : « Un dilettante enthousiaste mais mal préparé ne peut guère espérer maintenant qu'apporter une contribution mineure dans ce domaine. » Certains esprits peuvent s'impatienter devant ces exigences techniques et préférer, dans la tradition de la philosophie ou d'une sociologie philosophique, trancher la difficulté par une réflexion personnelle fondée sur des principes généraux éventuellement illustrés par des faits d'observation courante.

Une attitude scientifique ne peut être conservée, ici comme ailleurs, qu'à l'égard d'un problème posé d'une certaine façon, à l'intérieur de certaines limites qu'il convient d'abord de préciser.

Parler au singulier de *l*'hérédité et au singulier *du* milieu revient à poser le problème en des termes tels qu'il ne relève plus de l'observation et de l'expérience. En effet, en ce qui concerne d'abord l'hérédité, tous les degrés peuvent exister dans l'homogénéité génétique d'une population. L'influence de l'hérédité sur les différences individuelles pourra être importante dans une population où le patrimoine héréditaire biologique des différents individus varie largement d'un individu à l'autre. Cette influence sera certainement nulle sur les différences observées entre deux jumeaux monozygotes, dont le patrimoine héréditaire est rigoureusement identique. On ne pourra donc parler de l'influence de l'hérédité sans spécifier au sein de quelle population on l'envisage. La même remarque s'applique évidemment au milieu. Le poids des facteurs de milieu sur la différenciation interindividuelle pourra être plus ou moins important selon la marge de variation des conditions de vie dans la population envisagée. Ces conditions varient toujours d'un individu à un autre, et même deux jumeaux élevés ensemble ne vivent pas des expériences identiques. Mais on constatera facilement, par exemple, que le groupe des élèves fréquentant une 3e classique dans les lycées d'une ville donnée est moins hétérogène quant aux facteurs de milieu qu'un échantillon national des élèves de 3e prélevé dans toutes les sections et tous les types d'établissements. L'influence des facteurs de milieu sur les différences constatées au sein du premier groupe a toutes chances d'être inférieure à l'influence que « le » milieu exercera sur les différences constatées au sein du second groupe.

Si l'on se limite à une population définie, on pourra rechercher une estimation quantitative globale de l'influence respective de l'hérédité et du milieu pour un caractère donné. On pourra dire par exemple que la variance observée au sein de cette population pour tel test d'intelligence est attribuable pour 70 % à l'hérédité et pour 30 % au milieu. Une telle conclusion n'a de sens que dans les conditions de l'enquête qui a fourni les données sur lesquelles elle repose. On peut ajouter qu'elle n'a de sens que dans le cadre du « modèle » qui a servi à analyser ces données. Les modèles utilisés jusqu'à une date récente, et parfois utilisés encore, sont des modèles additifs simples d'analyse de la variance. L'écart entre un individu et la moyenne de son groupe est représenté essentiellement dans un tel schéma comme une somme de deux termes dont l'un représente l'action des facteurs de milieu et l'autre, indépendant du premier, l'action des facteurs héréditaires. Ce schéma ne peut être considéré que comme une approximation assez peu satisfaisante.

Il apparaîtra, dans les indications qui suivent sur les méthodes employées par les psychologues, qu'il leur est rarement possible d'utiliser une différenciation dans un facteur héréditaire qui ne soit pas susceptible de se trouver associée à une différenciation dans certains facteurs de milieu, et réciproquement. On peut donc parler de *corrélations* entre certains facteurs héréditaires et certains facteurs de milieu. Au-delà même de ces difficultés pour séparer expérimentalement les deux catégories de variables indépendantes, on peut penser que, pour les caractères concernant le psychologue, le même génotype peut susciter des conduites observables différentes lorsque le milieu varie, et réciproquement. La biologie offre d'ailleurs des exemples de telles *interactions*. C'est ainsi que l'on connaît le substrat génétique qui détermine le nombre des facettes des yeux de la Drosophile ; des animaux ayant la même constitution génétique auront des yeux présentant un certain nombre de facettes s'ils sont élevés à une certaine température et un autre nombre de facettes s'ils sont élevés à une autre température. Les modèles mathématiques récents utilisés pour analyser l'influence de l'hérédité et du milieu se proposent de représenter ces corrélations et ces interactions.

Avant d'aborder une très rapide revue des méthodes utilisées par la psychologie différentielle dans ce domaine, il convient encore de souligner les limites du déterminisme de l'hérédité. Si l'apparition de certains caractères, tels que la couleur des yeux, est rigoureusement déterminée par la constitution génétique, il en est rarement ainsi dans le domaine de la psychologie. Le psychologue se trouve le plus souvent, à cet égard, dans une situation voisine de celle du médecin devant certaines maladies héréditaires : la susceptibilité à ces maladies peut présenter un caractère héréditaire sans que l'apparition effective de la maladie soit inéluctable pour aucun des individus de la lignée. Réciproquement, les influences du milieu ne peuvent être considérées comme toutes et indéfiniment réversibles.

Pour des raisons évidentes, les psychologues qui ont étudié l'origine des différences individuelles chez l'homme n'ont pu utiliser que des observations (portant sur des cas isolés ou sur des groupes), excluant à peu près complètement toute intervention de l'observateur sur les processus en jeu. Ces travaux ont rassemblé des observations choisies de façon à pouvoir apporter des informations soit sur l'action éventuelle de facteurs de milieu, soit sur l'action éventuelle de facteurs héréditaires. Sur les animaux, on a pu réaliser des observations de comportement portant sur des lignées dans lesquelles les progéniteurs ont été systématiquement sélectionnés pendant plusieurs générations.

La « génétique du comportement » a pris une extension considérable et a très largement renouvelé les méthodes d'observation ou d'expérience ainsi que les méthodes d'analyse. Les observations sur lesquelles portent ces analyses sont recueillies sur des populations humaines présentant des degrés croissants de proximité génétique (les jumeaux monozygotes en constituant le degré extrême), sur des malades mentaux (schizophrénie en particulier) dont les familles font l'objet d'enquêtes épidémiologiques, sur des malades dont les troubles sont attribuables à des anomalies génétiques déterminées. Les données expérimentales sont recueillies sur des lignées animales sélectionnées.

2. *Observations relatives à l'influence des facteurs de milieu*

L'influence de facteurs de milieu sur les conduites est un fait d'observation courante, dont témoignent toutes les pratiques éducatives. Les possibilités de contrôler de façon précise ces facteurs sont assez limitées. Certains travaux ont rapporté les observations faites dans des cas où les facteurs de milieu ont présenté des variations d'une amplitude exceptionnelle ou dans des cas où ces variations ont pris un caractère très systématique sur des groupes importants. On peut présenter ces travaux en deux catégories, les uns ayant surtout contribué à mettre en évidence l'influence du milieu sur des conduites que l'on aurait pu croire déterminées par l'hérédité, les autres ayant surtout contribué à mettre en évidence les limites de cette influence du milieu.

Dans la première catégorie, on peut signaler des observations isolées comme celle qui a porté sur cette très jeune Indienne recueillie dans une forêt de l'Amazone. Née de parents menant une vie extraordinairement primitive, elle a pu acquérir une culture universitaire de niveau très élevé. On insiste en général, en citant ce cas, sur le fait que le changement de milieu s'est produit dans les premiers mois de la vie de l'enfant. Les effets de tels changements paraissent très limités s'ils se produisent à une date plus tardive, postérieure à 5 ou 6 ans d'après H. Piéron, comme si certaines potentialités héréditaires ne pouvaient s'exprimer qu'à la condition d'être mises en œuvre dès les premières années de la vie.

Les enfants adoptés dans des circonstances moins exceptionnelles offrent un matériel plus abondant, mais dans lequel la variation du milieu n'atteint pas la même amplitude. Il s'agit d'enfants dont les parents disparaissent ou qui doivent s'en séparer pour des raisons diverses (pauvreté, naissance illégitime, circonstances sociales exceptionnelles, etc.). Certains aspects des données rassemblées sur ce matériel mettent en évidence les effets du changement de milieu. Ce changement s'effectue dans un sens favorable, des enfants d'un milieu défavorisé étant adoptés par des familles jouissant d'un niveau de vie relativement élevé. On constate que le Q.I. des enfants adoptés est en moyenne supérieur au Q.I. des enfants issus du même milieu, mais qui y sont restés, ou supérieurs au Q.I. des progéniteurs. De tels résultats ont été notamment obtenus par M. Skodak et H. M. Skeels, qui ont pu suivre pendant treize ans le développement intellectuel de 100 enfants adoptés : alors que le Q.I. moyen des mères était de 93, celui des enfants s'établit autour de 115. Cependant une corrélation significative est constatée entre le Q.I. des mères et celui de leurs enfants, ce qui peut être interprété comme une influence de facteurs héréditaires : l'amélioration du milieu est profitable à tous les enfants, mais ceux qui sont issus des parents les plus intelligents gardent un avantage sur les autres. L'interprétation des données sur les enfants adoptés doit tenir compte d'un grand nombre d'éléments d'appréciation, et notamment des suivants : la ressemblance entre enfants et parents est attribuable non seulement à l'hérédité, mais aussi au milieu prénatal, aux circonstances de la naissance et aux premières semaines de vie qui se déroulent en général dans le milieu d'origine ; la ressemblance entre enfants adoptés et parents adoptifs est attribuable non seulement au milieu d'adoption, mais aussi au fait que le choix des familles adoptives ne s'effectue pas toujours au hasard par les autorités responsables du placement, ces autorités s'efforçant d'établir une certaine harmonie entre ce que l'on sait de l'enfant au moment de l'adoption et la famille qui va l'accueillir. On peut retenir que l'amélioration du niveau intellectuel provoquée par l'amélioration du milieu est probablement plus sensible pour les enfants dont l'hérédité est la plus favorable, ce qui constitue un exemple d'interaction entre facteurs héréditaires et facteurs de milieu.

On a également tenté de mettre en lumière l'action du milieu en utilisant les différences existant entre groupes culturels en ce qui concerne les pratiques éducatives de la première enfance. Différents domaines d'étude peuvent être distingués ici, domaines au sein desquels les résultats et les interprétations ne sont pas toujours cohérents. Un premier groupe d'observations concerne les effets sur la motricité de pratiques consistant à immobiliser le jeune enfant dans des bandages pendant les premiers mois. Les effets de cette immobilisation ne semblent pas durables, lorsqu'on compare ces groupes d'enfants à d'autres qui ne subissent pas ces restrictions. Un second groupe de travaux a concerné, aux États-Unis, la comparaison du développement intellectuel d'enfants ayant fréquenté ou non une école maternelle. Les résultats varient notamment selon l'origine sociale des enfants. Il semble que la fréquentation d'une école maternelle soit un facteur favorable pour les enfants d'origine sociale modeste. Un troisième groupe de travaux, qui connaît depuis la dernière guerre mondiale une grande faveur, concerne les effets éventuels, sur le développement de la personnalité de l'enfant, du climat éducatif familial, plus ou moins autoritaire, plus ou moins directif, plus ou moins strict en ce qui concerne l'apprentissage de la propreté et des conduites sociales élémentaires au sein de la famille.

On peut considérer que tous les travaux qui viennent d'être cités tendaient plutôt à mettre en évidence l'influence du milieu. Leur discussion nous a conduit déjà à mentionner des faits marquant les limites de cette influence. La mise en évidence de ces limites paraît constituer le résultat général essentiel d'une seconde catégorie de travaux.

Une large série de travaux concerne l'effet d'un apprentissage systématique sur les différences individuelles observées au début de cet apprentissage. Les résultats de ces expériences varient selon la nature de la tâche, la durée et la méthode d'apprentissage. Le traitement de ces résultats pose en outre un problème statistique délicat, qui se pose également dans d'autres domaines de la psychologie différentielle : la mesure et la comparaison de changements intervenus à partir de niveaux initiaux différents (F. Bacher, 1967). Sans qu'il soit possible ici d'entrer dans l'exposé précis des méthodes et des résultats, on peut noter que, dans un grand nombre de cas, les progrès réalisés par tous les sujets d'un groupe au cours d'un apprentissage ne bouleversent pas complètement le classement initial des individus au sein du groupe. Autrement dit, une corrélation significative existe souvent entre le résultat initial et le résultat terminal. Il est bien évident que cette corrélation ne peut être attribuée sans autre examen à de seuls facteurs héréditaires.

On peut également signaler ici la méthode du jumeau-témoin, telle que l'ont utilisée notamment A. Gesell et H. Thompson (1941). Dans un couple de jumeaux monozygotes, on soumet l'un des sujets à un apprentissage intensif dans des tâches telles que monter un escalier, manipuler des cubes et, plus tard, user du vocabulaire, alors que l'autre sujet ne reçoit aucun entraînement dans ces tâches. A l'issue de la période expérimentale, le jumeau entraîné obtient en général des résultats supérieurs aux résultats obtenus par l'autre. Mais ce dernier comble rapidement son retard et la durée de l'apprentissage qui lui est nécessaire pour y parvenir est plus courte que la durée de l'apprentissage d'abord accordée au premier. On peut considérer que ces résultats mettent en évidence l'importance de la maturation dont les effets seraient plus importants que ceux de l'apprentissage. On a cependant fait remarquer que les deux jumeaux ne cessent pas, pendant toute la durée de l'expérience, d'avoir une activité motrice ou verbale normale, ce qui atténue certainement les différences que l'on peut attendre de l'apprentissage spécifique accordé à l'un d'eux seulement. Plus récemment, B. Inhelder, H. Sinclair et M. Bovet (1974) ont essayé d'accélérer l'accès aux opérations concrètes (conservations) en pratiquant sur les enfants non conservants quelques séances d'apprentissage. Elles ont constaté en particulier que cet apprentissage bénéficiait davantage aux sujets qui étaient déjà plus avancés, de sorte que les différences entre sujets étaient amplifiées par l'apprentissage. On peut se demander si le milieu (et notamment l'enseignement) n'a pas, de façon générale, cet effet amplificateur sur les différences individuelles : on bénéficie d'autant plus d'un apport du milieu que l'on dispose de plus de moyens pour avoir accès à cet apport et pour se l'approprier. Quoi qu'il en soit, on sait qu'il existe de larges différences individuelles quant à l'âge d'accès à chacun des stades piagétiens du développement intellectuel.

3. *Observations relatives à l'influence des facteurs héréditaires*

Les observations faites sur des familles au cours de plusieurs générations successives (pedigree) sont interprétées de façon beaucoup plus prudente que ne le faisait Galton. Elles ont porté surtout sur l'apparition d'anomalies, dont l'observation est relativement plus facile. Mais ces résultats, quelquefois très nets, ne concernent souvent que des domaines qui paraîtront très étroits au psychologue intéressé par les différences individuelles observables entre individus « normaux ». C'est ainsi qu'une forme de cécité gustative (agueusie) a fait l'objet de travaux de ce type. On a découvert par hasard que certains individus ne percevaient pas la saveur amère d'une substance chimique, la thiophénylcarbamide. Un échantillon au hasard de 800 familles fut divisé en trois groupes selon que les deux progéniteurs étaient tous deux « goûteurs », tous deux « non-goûteurs », ou comptaient un « goûteur » et un « non-goûteur ». La proportion de « goûteurs » et de « non-goûteurs » chez les enfants fut observée au sein de chacun des trois groupes. En comparant ces proportions observées aux proportions théoriques correspondant à plusieurs hypothèses sur le substrat génétique de la transmission, on a pu conclure que le caractère « non-goûteur » était transmis par un gène récessif unique. Certaines formes rares de débilité mentale, associées à des troubles du métabolisme, ont pu faire l'objet d'études du même genre. Leur hérédité est également mendélienne, dépendant aussi d'un gène récessif unique. Mais pour des troubles du comportement plus complexes, comme la schizophrénie par exemple, il est plus difficile d'arriver à identifier le rôle d'une éventuelle transmission génétique par l'examen de pedigree. Le diagnostic lui-même est plus difficile, et la fidélité des observations est donc moins sûre. Ces observations ne paraissent pas confirmer un modèle mendélien simple. On peut alors faire intervenir l'idée que la présence d'un gène entraîne des manifestations observables n'ayant pas le même degré chez des individus différents (« expression » ou « expressivité »), ou même qu'il n'entraîne d'anomalie observable que dans une certaine proportion de cas (« pénétrance »). On peut également envisager que l'anomalie dépend de l'action combinée de plusieurs gènes. En outre, on peut faire intervenir une interaction hérédité-milieu, comme dans le modèle proposé par P. E. Meehl (1962) pour la schizophrénie. Il est beaucoup plus difficile de choisir entre ces modèles plus complexes que le modèle mendélien, à partir des proportions d'anomalies observées dans les études de pedigree. Mais ces études ne laissent guère de doute sur l'intervention d'un mécanisme héréditaire, même si elles ne permettent pas d'en décrire avec précision le fonctionnement.

C'est à la même conclusion, importante et limitée, que conduisent les expériences de sélection réalisées sur l'animal, en ce qui concerne des différences individuelles restant dans la marge de la normale. La plus ancienne de ces expériences reste la plus typique. C'est celle qui a été réalisée sur des rats blancs par R. C. Tryon, à partir de 1927 et qui a duré onze ans. Un lot initial de 142 rats apprend à parcourir un certain labyrinthe. Les individus qui font le moins d'erreurs sont croisés entre eux, et l'on pratique de même pour les individus qui font le plus d'erreurs. Au sein de chacune des deux lignées, on procède à une sélection systématique pour chacune des générations successives, ne croisant dans la première lignée que les animaux faisant le moins d'erreurs, alors que dans la seconde lignée sont croisés les animaux faisant le plus d'erreurs. Toutes les conditions de milieu sont, bien entendu, maintenues constantes pour les deux lignées. Les résultats obtenus sont d'une netteté peu commune. Dès la septième génération, il n'y a pratiquement plus de recouvrement entre les résultats observés dans les deux lignées : dans la première lignée, la quasi-totalité des résultats se distribue entre 0 et 49 erreurs ; dans la seconde lignée, la quasi-totalité des résultats se distribue entre 49 et 194 erreurs. Les deux distributions sont unimodales et chacune est asymétrique, le mode étant déplacé vers les résultats les meilleurs dans la première lignée, vers les résultats les moins bons dans la seconde. On a soigneusement étudié les deux lignées et on a constaté que les différences ne concernaient pas une aptitude générale à l'apprentissage. Les deux lignées diffèrent par des caractères non cognitifs concernant l'équilibre émotionnel et la motivation. Des expériences de ce type se sont multipliées et ont porté notamment sur différents comportements de la souris :

activité, émotivité, comportements sociaux, capacité d'apprentissage, goût pour l'alcool, etc. Elles ont permis de constituer des lignées dont les individus diffèrent très significativement en moyenne en ce qui concerne le caractère faisant l'objet de la sélection. On peut étudier la liaison entre ce caractère et d'autres, non directement utilisés pour la sélection, mais dont on constate qu'ils diffèrent aussi de façon significative entre les lignées, et ces recherches constituent une autre méthode d'étude de l'organisation des conduites.

Lorsqu'on prend l'homme comme matériel d'étude, au lieu de l'animal, toute possibilité de sélection systématique des progéniteurs disparaît, et l'expérimentateur doit céder la place à l'observateur, ce qui rend beaucoup plus difficile l'interprétation des données recueillies. Comme on l'a signalé déjà, les possibilités offertes par les jumeaux monozygotes (dont la constitution génétique est rigoureusement la même pour les deux individus de chaque paire) ont été largement exploitées.

Les différences entre jumeaux monozygotes (MZ) sont entièrement attribuables aux facteurs de milieu (y compris, bien entendu, le milieu prénatal). Les différences entre jumeaux dizygotes (DZ) (ou entre frères et sœurs) sont attribuables en partie aux différences de constitution génétique et en partie aux différences de milieu. On dispose donc là, en principe, d'un moyen d'apprécier l'importance relative des facteurs héréditaires et des facteurs de milieu. Du point de vue technique, l'emploi de la méthode pose au moins deux problèmes : celui du diagnostic de monozygotisme ; celui du traitement statistique des résultats.

Les progrès de la génétique humaine ont apporté une solution au premier de ces deux problèmes techniques, lorsqu'on peut soumettre le sujet aux examens nécessaires, en particulier un examen du sang. On a découvert, en effet, que plusieurs caractères de la constitution sanguine (« groupes » ou « facteurs ») sont des caractères mendéliens dépendant chacun d'un seul gène. Chez deux jumeaux MZ, tous ces caractères sanguins sont, comme le sexe, nécessairement identiques. Lorsqu'on constate, chez deux jumeaux de même sexe, que tous ces caractères sont identiques, la probabilité que l'on soit en présence de deux jumeaux DZ est extrêmement faible. Ce procédé de diagnostic, parfois complété encore par l'observation des empreintes digitales, conduit à une quasi-certitude. Il a remplacé les procédés plus anciens et plus contestables (observations pratiquées à la naissance, « ressemblance » appréciée globalement) chaque fois que les circonstances permettent l'examen sanguin.

Le second problème technique, relatif au traitement statistique des observations, comporte plusieurs solutions différentes, dont chacune a un sens bien précis. Il convient de tenir compte de ces limites, parfaitement explicitées, aussi bien lorsqu'on utilise une méthode que lorsqu'on entreprend de faire la critique de ses résultats. On ne fournira sur ce point qu'une rapide énumération.

On peut tout d'abord utiliser comme variable dépendante un caractère dont on sait seulement qu'il est présent ou absent (ex. : diagnostic de schizophrénie). Pour chaque paire de jumeaux (ou d'autres sujets comparés aux jumeaux), on peut dire alors qu'elle est « discordante », si un individu de la paire présente le caractère, ou « concordante », si le caractère est observable sur les deux individus ou sur aucun des deux. *La proportion de paires concordantes* peut alors être utilisée pour décrire les observations faites dans les différentes populations comparées.

Si l'on utilise une variable dépendante permettant en principe de comparer des intervalles, on peut utiliser plusieurs autres techniques.

On peut calculer, au sein de chaque série de paires, une *corrélation intraclasse*. Chaque paire est représentée sur le diagramme de corrélation par deux points : celui que l'on obtient en mettant l'individu A en abscisse et l'individu B en ordonnée, et celui que l'on obtient en mettant A en ordonnée et B en abscisse. On peut comparer des corrélations ainsi obtenues, pour le même caractère, dans deux séries de paires (par ex. jumeaux MZ et jumeaux DZ). Dans cette comparaison, le fait que le caractère peut être plus largement dispersé dans une série que dans l'autre n'intervient pas directement. Le fait que la dispersion est plus grande, en général, au sein des paires DZ qu'au sein des paires MZ sera pris en compte si on utilise, au lieu de la corrélation, la *covariance*. Corrélations ou covariances peuvent faire l'objet *d'analyses factorielles* dont les résultats sont comparés. Ces méthodes de corrélation, de covariance et d'analyse factorielle peuvent partir, au lieu des observations elles-mêmes, des *différences* observées, au sein de chaque paire d'individus, pour plusieurs variables indépendantes. Deux tests, par exemple, seront alors en forte corrélation si les différences intrapaires observées pour ces deux tests sont associées. Les résultats sont directement attribuables aux facteurs propres à différencier les individus au sein de chaque paire.

La dispersion des mesures fournies par les variables dépendantes est prise plus directement comme objet d'analyse par le groupe des techniques se rattachant à *l'analyse de la variance*. Ces techniques ont succédé aux comparaisons plus simples portant, par exemple, sur la moyenne des différences constatées au sein des paires MZ d'une part, des paires DZ d'autre part. On sait que l'analyse de la variance utilise un modèle additif de décomposition de la variable observée (note dans un test, par exemple). L'écart d'une mesure à la moyenne des mesures est représenté dans ce modèle comme résultant d'une somme d'écarts dont chacun est attribué à une source de variation. Dans la catégorie de travaux qui nous concerne, ces sources de variation sont essentiellement au nombre de deux (si l'on néglige la variance introduite par les erreurs de mesure) : l'ensemble des facteurs de milieu et l'ensemble des facteurs héréditaires. Comme la variance attribuable aux seuls facteurs de milieu peut être estimée à partir des observations faites sur les jumeaux MZ, on voit que le modèle paraît s'appliquer assez simplement. Si on l'applique ainsi, on peut tout d'abord tester statistiquement la présence effective d'une source de variation « hérédité », en faisant le quotient de la variance entre DZ par la variance entre MZ. Ce rapport (F de Snedecor) sera significativement supérieur à 1 si l'hérédité suscite effectivement une différenciation entre DZ. Toujours dans l'hypothèse où ce schéma additif simple est jugé acceptable, on peut même apprécier l'importance relative de la variance attribuable à l'hérédité. On obtient une estimation de cette variance en retranchant la variance entre MZ de la variance entre DZ. Il suffit de rapporter cette estimation à la variance DZ. Ce rapport (h^2) a été utilisé par Holzinger. Les travaux récents qui utilisent l'analyse de la variance dans ce domaine emploient des schémas de décomposition plus complexes, dont on regrette parfois qu'ils soient passés sous silence par des critiques méthodologiques un peu sommaires. On renverra à titre d'exemple à l'article de R. B. Cattell, D. B. Blewett et J. R. Beloff, paru en juin 1955 dans l'*American Journal of Human Genetics*. Avec l'aide du statisticien C. R. Rao, les auteurs présentent un modèle utilisant 11 paramètres, qui sont des sources de variations hypothétiques et les corrélations entre ces sources. Ces paramètres peuvent, en principe, être estimés en utilisant 11 équations dont chacune représente la décomposition d'une variance observable selon le modèle proposé. Ces variances sont observées notamment sur des groupes de jumeaux MZ et DZ, sur des frères ou sœurs élevés ensemble ou séparément, sur des enfants sans lien de parenté élevés ensemble ou séparément. Sans qu'il soit possible de décrire ici et de discuter des modèles de ce genre, on soulignera cependant qu'ils font une place aux corrélations entre sources de variation et aux interactions entre facteurs de milieu et facteurs héréditaires. Il est vrai que ces modèles restent additifs, ce qui signifie que les interactions y sont représentées par des termes venant s'ajouter à ceux qui représentent les différentes sources de variation considérées isolément. On ne peut sans doute pas considérer qu'une telle écriture ait la forme des mécanismes biologiques et sociaux qu'elle représente. Mais la discussion devrait porter alors sur l'usage des modèles mathématiques en général, et non pas seulement sur l'usage qui en est fait à propos de l'origine des différences individuelles.

D'autres techniques statistiques ou mathématiques sont d'un emploi beaucoup plus rare. Mentionnons seulement la comparaison des « distances » entre profils de jumeaux MZ et de jumeaux DZ (I. I. Gottesman, 1963), puisque cette technique a été évoquée dans un précédent chapitre.

En dehors des critiques portant sur les techniques utilisées par les recherches sur les jumeaux, le principe même de ces recherches a soulevé des réserves, notamment de la part de leurs auteurs qui ont souvent délimité la portée des résultats qu'ils présentaient, ou de la part de commentateurs. Certaines de ces critiques sont générales et s'appliquent à toute recherche sur l'origine des différences individuelles. Aussi ont-elles été rappelées au début de ce chapitre. Les principales critiques s'appliquant de façon particulière à la méthode des jumeaux peuvent se ramener à deux.

La première consiste à souligner les caractères spécifiques de la situation gémellaire, et à contester par suite le caractère général des résultats obtenus sur une population de jumeaux. On a relevé depuis longtemps un certain retard de développement des jumeaux par rapport au développement des enfants singuliers. La durée de la gestation est plus courte en moyenne pour les jumeaux, ses conditions biologiques sont moins favorables. Un retard dans le développement somatique moyen s'observe dès la naissance et se confirme par la suite. Il en est de même pour le développement du langage, pour les résultats moyens dans les tests. A cette différence globale, quantitative, entre jumeaux et non-jumeaux s'ajoutent, pour les jumeaux élevés ensemble, des différences qualitatives, plus difficiles à décrire de façon précise. Ces différences qualitatives tiennent à la situation de couple dans laquelle les jumeaux se trouvent placés tout au long de leur développement (R. Zazzo, 1960/1986).

Le fait que les jumeaux ne constituent pas un échantillon représentatif de la population générale est incontestable, et l'on commettrait une erreur grossière si, pour estimer par exemple le niveau intellectuel moyen dans la population, on utilisait un échantillon de jumeaux. Le problème de la « généralisabilité » des résultats se pose autrement si l'on cherche à mettre en évidence l'influence d'un certain facteur (ici, l'hérédité) qui s'exerce à la fois sur les sujets d'expérience et sur la population générale. Toute étude expérimentale d'un facteur particulier doit nécessairement se placer, pour mettre en évidence l'influence éventuelle de ce facteur, dans une situation qui n'est pas représentative des situations de la vie courante, dans lesquelles ce facteur intervient conjointement avec beaucoup d'autres. Toutes les lois de la psychologie générale (apprentissage, perception, etc.) ont bien été établies ainsi. Il y aurait là un thème de discussion qui dépasse le cadre de cet ouvrage. Nous nous bornerons à relever que cette objection, faite à propos d'une méthode s'appliquant aux facteurs héréditaires des différences individuelles, concerne en fait la méthode expérimentale dans son ensemble.

La seconde critique consiste à faire remarquer que la méthode des jumeaux est un mauvais substitut à la méthode expérimentale, car la population des MZ diffère de celle des DZ par d'autres caractères que la constitution génétique. Certains retards de développement sont plus marqués pour les MZ que pour les DZ. Ainsi, Zazzo (1960/1986) indique que le poids moyen à la naissance de ses MZ (2,317) est très significativement inférieur au poids moyen à la naissance de ses DZ (2,500) ; que le pourcentage de cas de cryptophasie et de retard du langage s'élève, chez les MZ, à 11,3 pour les filles et à 16,6 pour les garçons, alors que les pourcentages correspondants, chez les DZ, sont seulement de 7,3 et 6,3. On a pu faire remarquer également que le milieu n'exerce pas la même action différenciatrice sur un couple de MZ (dont la ressemblance parfaite crée des situations propres à ce type de jumeaux, et qui perçoivent le milieu à partir d'une constitution rigoureusement identique) et sur un couple de DZ.

Cette seconde critique a également un caractère très général, à deux égards au moins. Toute modification d'une variable indépendante ne se limite pas à la modification effectivement réalisée par l'expérimentateur, mais comporte également, qu'il le sache ou non, des modifications simultanées dans tous les caractères associés à celui qu'il a choisi de manipuler. En second lieu, le contrôle des situations expérimentales n'est jamais parfait, et l'expression bernardienne « toutes choses égales par ailleurs », ou l'expression fisherienne « toutes choses variant de même par ailleurs », ne correspondent jamais rigoureusement à la réalité expérimentale. Il en découle une erreur dont il faut s'efforcer d'apprécier l'amplitude et les conséquences qu'elle peut avoir sur la conclusion, mais dont la seule présence ne peut constituer une objection de principe entraînant le rejet pur et simple de la méthode expérimentale.

Il est indispensable que l'emploi d'une méthode, quelle qu'elle soit, s'accompagne d'une critique de cette méthode. On peut se demander si le contexte philosophique et social dans lequel s'inscrit le problème de l'origine des différences individuelles n'a pas conduit parfois à transformer ces critiques méthodologiques en objections de principe qui, si elles valaient pour la méthode des jumeaux, vaudraient aussi pour toute la psychologie scientifique. Les résultats obtenus à l'aide de la méthode des jumeaux mettent, en effet, clairement en évidence une influence importante des facteurs héréditaires sur les différences individuelles. Nous nous bornerons à quelques exemples.

Les conduites cognitives. — Il peut s'agir ici d'épreuves d'intelligence globales ou analytiques (aptitudes), collectives ou individuelles. Les résultats varient légèrement selon les épreuves et les populations. Mais il est fréquent que la corrélation[1] observée entre jumeaux MZ soit très voisine du coefficient de fidélité du test. Autrement dit, les notes que l'on obtient en examinant successivement deux jumeaux MZ présentent entre elles à peu près le même degré de liaison que les notes obtenues en examinant deux fois successivement le même individu. En considérant des groupes au sein desquels la communauté génétique moyenne décroît (jumeaux MZ ; jumeaux DZ ou frères-sœurs ou parents-enfants ; personnes sans lien de parenté), on observe une décroissance des corrélations.

Des résultats de ce genre sont la règle dans ce domaine. On pourra avoir une vue d'ensemble sur ces résultats en consultant les revues publiées par L. F. Jarvik et L. Erlenmeyer-Kimling (1963), par P. Roubertoux et M. Carlier (1978) ou par M. Carlier, P. Roubertoux et H. Gottesdiener (1978-1979). On trouvera notamment dans ces deux dernières publications un tableau d'ensemble des résultats obtenus dans 41 recherches sélectionnées et discutées. Nous donnons ci-après, sous une forme résumée, certains extraits de ce tableau : il s'agit des corrélations intraclasses médianes dans huit des groupes distingués par les auteurs.

Le tableau est divisé en trois sections correspondant à trois degrés de communauté génétique : 0 %, 50 %, 100 %. On constate que la ressemblance intrapaire augmente avec la communauté génétique. On constate également que, pour le même degré de communauté génétique, les enfants

1. Il s'agit ici de coefficients de corrélation « intraclasse ». Ce coefficient prendrait sa valeur maximum (1,00) si, au sein de chaque paire de jumeaux, les deux notes observées étaient égales. Il prendrait sa valeur minimum (0,00) si les notes étaient aussi différentes à l'intérieur des paires qu'entre les paires.

— Personnes sans lien de parenté	
Elevées séparément	.00
Elevées ensemble	.28
— Enfants adoptés et leurs parents adoptifs	.18
— Frères et sœurs élevés séparément	.42
— Frères et sœurs élevés ensemble	.49
— Jumeaux dizygotes élevés ensemble	.59
— Jumeaux monozygotes élevés séparément	.72
— Jumeaux monozygotes élevés ensemble	.84

élevés ensemble se ressemblent davantage que ceux qui sont élevés séparément : les facteurs de milieu modulent l'effet des facteurs génétiques et réciproquement (interaction).

Les connaissances scolaires. — On se bornera à reproduire une partie des données publiées par T. Husen, en 1967, dans le *Bulletin de Psychologie.* Les données ci-après concernent des jumeaux suédois dans leur sixième année d'études. Le nombre de paires utilisées varie de 55 à 157 suivant les épreuves et les groupes. Les épreuves sont des tests de connaissances.

	Lecture	Rédaction	Arithmétique	Anglais
Jumeaux MZ :				
Garçons	.89	.88	.88	.88
Filles	.90	.89	.87	.85
Jumeaux DZ :				
De même sexe	.62	.66	.52	.74

La personnalité. Les troubles de la conduite. — Les recherches récentes appliquant la méthode des jumeaux aux épreuves de personnalité se sont heurtées aux mêmes difficultés que des travaux plus anciens. L'incertitude du cadre conceptuel et des moyens de mesure a rendu ces recherches difficiles, et difficiles à comparer. On peut citer celles de R. B. Cattell et coll. (1955), de I. I. Gottesman (1960), de R. B. Cattell (1963) et de S. G. Vandenberg (1962, 1964, 1966). Les résultats sont beaucoup moins nets que dans le domaine cognitif, et ils ne convergent guère. Il semblerait cependant que la dimension extraversion-introversion présente une composante héréditaire assez nette. Ce résultat est notamment établi par la recherche de J. Shields (1962) portant sur des jumeaux monozygotes élevés séparément.

4. *Essais d'analyse et d'interprétation*

On peut chercher, pour conclure, une sorte de modèle général qui permette de se représenter ce que l'on peut savoir, à l'heure actuelle, sur l'origine des différences individuelles.

Pour cela, il faut tout d'abord accepter l'idée qu'un « milieu » n'est définissable qu'à une certaine échelle d'observation, actuellement très grossière. A l'intérieur de chacun des milieux définissables (caractérisés par un certain nombre d'années de scolarité, une certaine profession du père, etc.), un très grand nombre de facteurs peuvent varier d'un individu à un autre d'une façon que la faiblesse de nos moyens d'observation nous conduira à qualifier d' « aléatoire ».

Pour chacune des conduites observables (qu'il s'agisse de celle qui suscitera un diagnostic de schizophrénie ou de celle qui classera l'individu dans le troisième décile d'un test d'intelligence), tout se passe comme si chaque constitution génétique déterminait une certaine probabilité d'apparition dans chacun des milieux définissables. Cette probabilité varie d'un milieu à un autre pour la même constitution génétique, ce qui correspond à la notion d'interaction hérédité-milieu, cette variation pouvant être considérable pour certaines conduites et beaucoup plus faible pour d'autres. Mais on peut penser que cette probabilité, dans le domaine de la psychologie, n'atteint jamais les valeurs 0 ou 1. On peut considérer qu'une constitution génétique donnée laisse toujours possible l'expression de conduites différentes, inégalement probables. Une telle façon de voir est rendue nécessaire au moins par l'existence de facteurs aléatoires au sein d'un milieu défini, et par le jeu de facteurs de motivation pouvant permettre à un individu d'exprimer une conduite génétiquement peu probable (même si elle est pour lui plus « coûteuse » et si son expression rend moins probable pour lui l'expression d'autres conduites que sa constitution génétique rendait possible).

Comment envisager, à partir de ce modèle, les effets de « l'amélioration » des conditions moyennes de vie sous l'effet du progrès technique et social ?

A l'échelle de la population, on peut penser qu'elle rend plus probable, pour toutes les constitutions génétiques, l'expression de conduites « favorables ». Il est possible d'interpréter ainsi des observations comme celles qui ont été faites au cours des deux enquêtes successives effectuées en Écosse sous la direction de G. Thomson en 1932, puis en 1947 : le niveau intellectuel moyen de la population ne baisse pas, malgré la corrélation parents-enfants et le fait que les parents de niveau intellectuel inférieur ont davantage d'enfants. On peut considérer que la régression attendue du niveau intellectuel a été compensée par les effets de l'amélioration des conditions de vie. Si l'on voulait adopter le langage quelque peu passionné qui est parfois utilisé pour débattre de ces problèmes, on pourrait dire que le progrès social a libéré l'homme du déterminisme de l'hérédité.

Mais il faut bien voir qu'il n'en est ainsi qu'en ce qui concerne la moyenne de la population. Le progrès social peut avoir un tout autre effet sur les différences individuelles s'observant, au sein de la population, autour de cette moyenne. En effet, les variations dans les probabilités d'apparition d'une conduite donnée chez des individus dotés d'une même constitution génétique sont vraisemblablement d'autant plus grandes que la marge de variation des conditions de milieu est grande. Le progrès social tend sans doute à restreindre la marge des variations du milieu, ou tout au moins, à amener les conditions de milieu les plus défavorables à franchir un seuil au-delà duquel de nouvelles améliorations ne modifient plus que faiblement l'expression de la conduite correspondant à une certaine constitution génétique. A la limite, dans la Société idéale que nous appelons de nos vœux, Société dans laquelle chacun pourrait développer pleinement toutes ses potentialités (supposées favorables), les différences entre individus ne pourraient plus s'expliquer que par des différences entre ces potentialités.

CHAPITRE VI

Les développements récents

Nous ne pourrons donner, dans les pages qui suivent, qu'un petit nombre d'exemples illustrant les développements de la psychologie différentielle durant ces vingt dernières années. Le lecteur trouvera l'exposé plus précis des perspectives qui vont être résumées ici et l'analyse d'un grand nombre de travaux récents dans lesquels elles paraissent se dessiner dans deux ouvrages :

M. Reuchlin et F. Bacher, *Les différences individuelles dans le développement cognitif de l'enfant*, Paris, P.U.F., 1989.

M. Reuchlin, *Les différences individuelles dans le développement conatif de l'enfant*, Paris, P.U.F., 1990.

A) LES MÉTHODES

Deux aspects des méthodes de la psychologie différentielle signalés parmi d'autres dans les chapitres précédents se sont affirmés clairement dans le cours des vingt dernières années. L'un concerne les conséquences, dans notre discipline, de la généralisation massive de l'utilisation des machines à stocker et à traiter automatiquement l'information que l'on a observée dans toutes les disciplines scientifiques. L'autre concerne les modèles employés en psychologie différentielle pour formaliser les hypothèses et organiser le traitement des données. Ces modèles sont depuis longtemps, dans notre domaine, des modèles multivariés (ceux qui sous-tendent l'analyse factorielle en sont de bons exemples). La nécessité d'utiliser des *systèmes* de variables observables ou « latentes » s'est affirmée et l'on a disposé de moyens plus souples et plus perfectionnés pour y parvenir.

1 *a)* L'emploi généralisé des ordinateurs a eu plusieurs conséquences sur *la construction et l'emploi des instruments d'observation*, les tests par exemple. Il a permis la constitution de « banques d'item » à partir desquelles des épreuves diverses peuvent être constituées. La détermination des propriétés psychométriques d'un item ou d'une épreuve s'effectue grâce à des logiciels qui fournissent au chercheur toutes les évaluations qu'il peut souhaiter sur le pouvoir classant, la fidélité et la validité, à partir des réponses recueillies sur un ou plusieurs échantillons de sujets. Il en est résulté une multiplication des épreuves ainsi élaborées, notamment par les psychologues américains travaillant dans le domaine de la personnalité. On peut remarquer que, si les moyens de travail extrêmement puissants ainsi mis en œuvre suppriment bien des difficultés matérielles auxquelles se heurtaient jadis les différencialistes, ils ne sont pas sans en créer quelques autres. C'est ainsi que la multiplication des épreuves disponibles peut diminuer les possibilités de comparaison entre résultats obtenus sur des populations différentes ou dans des conditions différentes par des enquêteurs utilisant tous la même épreuve.

L'emploi de certaines épreuves est aussi considérablement facilité par l'usage des ordinateurs. Ils peuvent corriger l'épreuve (au moins les épreuves à choix multiple) et fournir en un temps très court les élaborations statistiques élémentaires relatives au groupe examiné et nécessaires à l'interprétation de chacun des résultats individuels : proportion de bonnes réponses pour chacune des questions, moyenne, écart type, quantilages, etc. Signalons encore une utilisation moins fréquente mais qui peut présenter un grand intérêt : l'adaptation automatique des nouvelles questions posées à un sujet en fonction de ses réponses aux questions antérieures, de façon que le niveau de difficulté de ces questions soit adapté à la capacité manifestée par ce sujet.

b) La généralisation du traitement automatique des données recueillies dans les travaux de recherche a largement contribué à l'évolution de ces travaux en permettant de mettre en œuvre des plans de traitement dont la conception même aurait semblé utopique il y a quelques décennies. Mais, là encore, ce progrès considérable a créé ou au moins mis en évidence des problèmes dont l'importance est parfois négligée. Les logiciels utilisés offrent en général plusieurs possibilités de choix entre des hypothèses ou des critères différents. Si l'utilisateur ne fait pas ces choix en fonction de ses hypothèses et de ses objectifs, le programme procède à des choix « par défaut » dont les conséquences risquent d'être perdues de vue au moment de l'interprétation (surtout si l'interprétateur ignore que ces choix ont été faits). Par exemple, pour l'analyse factorielle dont l'emploi s'est banalisé, de tels choix portent sur la méthode d'analyse devant être appliquée, l'estimation des communautés, l'option entre un modèle en composantes principales ou en facteurs principaux, le critère régissant la rotation des facteurs, le caractère orthogonal ou oblique de ces facteurs, etc. On est un peu étonné, en lisant les innombrables travaux récents publiés par des psychologues américains étudiant la personnalité en utilisant l'analyse factorielle, de constater qu'ils adoptent à peu près tous une procédure stéréotypée (composantes principales et rotations Varimax), même dans des cas où le modèle sous-jacent à cette procédure, la structure simple orthogonale, est en contradiction avec certaines des hypothèses psychologiques avancées par ces auteurs. On pourrait faire une remarque de même forme au sujet des très nombreuses thèses françaises utilisant, à tort ou à raison, un programme d'analyse factorielle des correspondances.

L'analyse factorielle n'est pas la seule méthode dont l'utilisation, habile ou maladroite, a été considérablement facilitée par l'emploi généralisé des ordinateurs. Un autre exemple peut être trouvé dans les analyses de régression multiple employées lorsqu'une variable observée, le « critère », est considérée comme dépendant de plusieurs autres constituant des « prédicteurs » pouvant être éventuellement compris comme des « causes ». Cette méthode d'analyse tend elle aussi, à un moindre degré, à se banaliser, en particulier sous sa forme séquentielle dans laquelle les prédicteurs sont ordonnés, chacun n'étant crédité que du poids qu'il garde après la prise en compte des effets de ceux qui le précèdent. Cette forme séquentielle prend tout son intérêt lorsqu'elle est utilisée pour vérifier l'hypothèse d'un enchaînement d'effets impliquant plusieurs variables dont chacune est affectée par celles qui la précèdent, mais n'est pas nécessairement adaptée à d'autres hypothèses.

Ces deux exemples permettent d'illustrer un autre « effet pervers » pouvant être entraîné par l'emploi mal maîtrisé des techniques de traitement automatique. Dans les deux cas, un choix doit être fait : quant à la définition et l'orientation des facteurs ou quant à l'ordre des prédicteurs. Ce choix implique l'usage d'un critère pouvant être fourni à l'ordinateur, critère qui devrait être défini dans chaque cas en fonction des objectifs de la recherche. Mais il se trouve que le critère le plus facile à concevoir au plan mathématique et le plus facile à programmer consiste à maximiser (ou minimiser) une somme de carrés. C'est ainsi que chaque composante à son tour rend compte du maximum de la variance des observations, que la position des facteurs Varimax est déterminée par une maximisation de la dispersion des saturations sur chacun d'eux, que l'ordre des prédicteurs dans une équation de régression multiple séquentielle peut être choisi de façon que chacun à son tour rende compte de la plus grande partie possible de la variance du critère. Or l' « économie » formelle ainsi réalisée dans la description des données n'est pas en général le but que poursuit le chercheur qui utilise ces méthodes. Il est intéressé par le contenu psychologique des variables analysées, par les relations entre les processus psychologiques qu'elles sont supposées mettre en œuvre. Il n'y a aucune raison de penser que la formulation la plus « économique » soit celle qui exprime le mieux ce contenu, ces relations. Des modèles peuvent être conçus et des programmes écrits dans des perspectives différentes. Mais cela exige un effort dont la nécessité n'est pas toujours perçue. Il faut dire de la technique ce que l'on dit parfois de la théorie : c'est un bon serviteur mais un mauvais maître.

2) La discussion qui précède met en lumière les liens qui existent entre, d'une part, la formulation des hypothèses psychologiques et l'interprétation psychologique des observations et, d'autre part, les méthodes mises en œuvre par les psychologues. Ces liens apparaissent clairement à l'occasion du succès que connaît depuis peu l'emploi de « modèles structuraux » (un développement qui aurait été impossible, remarquons-le au passage, sans le développement de l'informatique).

Le principe des modèles structuraux est connu depuis longtemps et a été appliqué en économie et en biologie avant de l'être en psychologie. La méthode d'analyse des « pistes causales » l'a utilisé. Elle est employée lorsque l'on a affaire à un système de variables entre lesquelles s'établit un certain réseau de relations. Ces variables constituent plusieurs « pistes » à l'intérieur desquelles les variables sont ordonnées quant aux effets que chacune exerce sur la suivante. La même variable peut figurer dans plusieurs de ces pistes. En outre des effets peuvent s'exercer entre variables non immédiatement consécutives. Ces pistes convergent sur une variable qu'il s'agit d' « expliquer » en déterminant le poids que prend dans ses variations chacune des variables antérieures et les différents enchaînements par lesquels ces influences s'exercent. On a pu décrire ainsi l'influence de différents facteurs de milieu sur le Q.I. d'un enfant.

Ces modèles structuraux ont reçu récemment une forme générale très utilisée en psychologie, connue sous le nom de modèle LISREL (K. G. Jöreskog et D. Sörbom; voir F. Bacher, 1987 et 1988). Ce modèle admet des relations causales réciproques entre les variables du système. Il peut comporter non seulement des variables observées mais aussi des variables « latentes », c'est-à-dire hypothétiques, dont on peut préciser les relations qu'elles entretiennent avec les variables observées et entre elles. On peut donner à la description de données observées la forme d'un tel modèle (analyse « exploratoire ») ou bien chercher si un modèle écrit (en principe) *a priori*, en fonction des hypothèses du chercheur, est compatible ou non avec ces données (analyse « confirmatoire »).

On comprend que ce développement méthodologique est lié à une certaine façon de décrire et d'expliquer les différences individuelles en les considérant dans des *systèmes* de variables. Nous y reviendrons à propos des thèmes de recherche.

3) Signalons auparavant certaines orientations méthodologiques dont on aurait pu croire qu'elles allaient se développer en psychologie différentielle, et qui ne paraissent pas l'avoir fait au cours des vingt et quelques dernières années.

Dans certains cas, cette relative désuétude peut s'expliquer par l'évolution « structuraliste » qui vient d'être signalée. Il en est sans doute ainsi pour l'analyse de la variance, que l'on ne voit plus guère employée dans les travaux différentiels publiés postérieurement à 1980. Consistant essentiellement à comparer des moyennes, elle pouvait en principe s'appliquer à des comparaisons de groupes de sujets déterminés *a priori* sur la base de critères tels que le sexe ou la catégorie socioprofessionnelle. Mais on paraît s'intéresser davantage aux écarts individuels à la moyenne des groupes, c'est-à-dire précisément à la variation considérée comme aléatoire en analyse de la variance. Mais surtout l'analyse de la variance est conçue pour mettre à l'épreuve l'existence ou la non-existence d'un effet produit par une variable indépendante sur une variable dépendante, toutes choses égales (ou variant de même) par ailleurs. On pense souvent aujourd'hui que les différences individuelles se décrivent et s'expliquent mieux lorsqu'on considère chacune d'elles dans un système de variables en relations, ces relations étant décrites par leur grandeur observée dans l'échantillon étudié plutôt que par la probabilité qu'elles soient nulles dans la population hypothétique dont cet échantillon serait extrait.

Dans d'autres cas, on comprend moins bien le faible développement de certaines méthodes. On voit mal pourquoi, par exemple, les méthodes typologiques qui ont fait l'objet du chapitre IV ne sont guère employées. Le regroupement des individus n'apparaît le plus souvent, dans les travaux récents, que sous une forme qui est peut être contestable à certains égards : celle qui consiste à traiter comme deux groupes distincts les sujets occupant des positions « extrêmes » sur une variable unique (indépendants et dépendants du champ, introvertis et extravertis, réfléchis et impulsifs, etc.).

B) Les thèmes de recherche

L'existence de différences individuelles non aléatoires est un fait qui s'est imposé de façon croissante à l'attention des psychologues pendant la période considérée, même chez certains de ceux qui prennent pour objet essentiel les processus généraux du fonctionnement de l'adulte ou du développement de l'enfant. Les psychologues différencialistes de leur côté ont accordé plus d'importance à l'étude des différences individuelles dans le fonctionnement des processus sous-tendant les différences dans les performances. Il apparaît que ces processus peuvent être identiques chez plusieurs individus, mais non nécessairement chez tous. Chaque individu paraît disposer de plusieurs de ces processus pouvant se substituer l'un à l'autre dans une situation adaptative donnée. Mais chaque individu évoque prioritairement certains de ces processus, ou leur accorde plus d'importance. Comme tous n'ont pas nécessairement la même efficacité, les différences individuelles relatives à ces priorités constituent l'une au moins des explications qui peuvent être données aux différences individuelles dans les performances (M. Reuchlin, 1978).

Une autre idée qui paraît se confirmer est celle d'une organisation « hiérarchique » de certains au moins de ces processus. Il en est qui affectent un large champ de conduites, mais leur action est modulée dans chaque domaine particulier par l'intervention de processus à champ plus restreint. Il en résulte que les différences individuelles peuvent s'observer à des niveaux différents, les différences observables à l'un de ces niveaux n'ayant pas nécessairement les mêmes caractéristiques que celles qui apparaissent à un autre.

Cette organisation hiérarchique n'est qu'un exemple (important et sans doute fréquent) du fait que les conduites et les différences individuelles qu'elles manifestent ne peuvent être appréhendées qu'au sein de structures ou systèmes, et l'on perçoit ici la liaison entre l'évolution des thèmes de recherche et l'évolution des méthodes. Remarquons aussi que décrire l'organisation de tels systèmes ou vérifier des hypothèses à leur sujet constituent des démarches au cours desquelles description et explication se rejoignent : chaque conduite « s'explique » par l'organisation du système de variables observables ou latentes au sein duquel elle se trouve insérée.

On comprend que l'étude des facteurs génétiques et des facteurs de milieu intervenant dans l'organisation de tels systèmes ne constitue qu'un aspect de l'explication des différences individuelles. Les différences observées dans une conduite peuvent avoir des « causes » plus immédiates : des différences dans telle ou telle autre conduite déterminant partiellement la première. A l'inverse, ni les gènes ni les conditions de milieu ne sont nécessairement des « causes » ultimes ou premières. Rien n'empêche de se demander quels sont les facteurs qui les déterminent, et ainsi à l'infini. La notion même de cause ultime, d'origine absolue, n'a de sens que métaphysique. Cela ne retire rien à l'intérêt des recherches sur les facteurs génétiques et environnementaux intervenant dans le déterminisme des différences individuelles. Leur étude s'est développée de façon considérable au cours des vingt dernières années.

1. *La sélection et le traitement de l'information*

Plusieurs recherches différentielles ont été marquées par la grande influence qu'ont exercée ces dernières années diverses formes de cognitivisme, notamment celle qui utilise comme modèle l'organisation et le fonctionnement des ordinateurs.

On s'est demandé par exemple si des différences dans certains processus élémentaires considérés comme fondamentaux ne pourraient pas expliquer les différences de performance dans des tâches cognitives plus complexes. C'est ainsi que plusieurs travaux ont étudié les corrélations entre des épreuves considérées comme des moyens d'évaluer la vitesse de traitement de l'information et des performances cognitives plus globales comme les résultats à un test verbal ou comme le Q.I. (voir par exemple la revue de A. J. Jensen, 1982 et les travaux de E. Hunt). Mais cette approche n'utilisant que deux variables (fournies respectivement par l'épreuve élémentaire et par l'épreuve globale), et dans laquelle l'orientation de la causalité est postulée comme devant s'exercer nécessairement de l'élémentaire vers le global, a quelque peu déçu certains de ceux-là mêmes qui l'avaient adoptée (voir E. Hunt et M. Lansman, 1982).

D'autres ont préféré utiliser des systèmes de « composantes » hiérarchisées, les plus générales, qualifiées de « métacomposantes » ou encore de « processus directeur », exerçant un contrôle sur les composantes plus élémentaires qui leur adressent des informations en retour. On attribue notamment à ces métacomposantes le choix d'une stratégie parmi d'autres possibles (voir par exemple les nombreuses publications rédigées ou dirigées par R. J. Sternberg, notamment celle de 1984).

Un autre courant de la recherche différentielle dans le domaine cognitif peut être qualifié de néo-piagétien. S'inspirant de plus ou moins loin de la théorie de l'intelligence de Piaget, ces recherches s'en distinguent par l'intérêt qu'elles portent aux processus autant qu'aux structures, et par l'usage qu'elles font des différences individuelles pour en comprendre le fonctionnement. Nous avons signalé dans les chapitres qui précèdent les travaux de F. Longeot et ceux de J. Lautrey. Ceux-ci ont porté notamment, plus récemment, sur une analyse des différences interindividuelles et intra-individuelles dans différentes épreuves piagétiennes (J. Lautrey, A. de Ribaupierre et L. Rieben, 1985, 1986) ainsi que sur les effets de différentes formes d'apprentissage sur des enfants présentant dans ces épreuves des différences déterminées (J. Lautrey et J. Bideaud, 1985). Sur la base de ces travaux, J. Lautrey a proposé une théorie du fonctionnement cognitif et de son développement. Deux modes de traitement de l'information paraissent pouvoir être utilisés : un mode « propositionnel », plus efficace dans le domaine logico-mathématique, et un mode « analogique », plus efficace dans le domaine infralogique. Les sujets utilisent préférentiellement l'un ou l'autre, ce qui entraîne des différences quant au type d'épreuves qu'ils réussissent le mieux. Le développement de l'intelligence est favorisé par une certaine forme d'interaction entre ces deux modes de traitement.

2. *L'orientation et le contrôle des conduites*

Nous avons signalé déjà la multiplication des épreuves dites « de personnalité » ou « de tempérament » dans le cours des dernières années. On en trouve pour tous les âges de la vie, la question de la continuité des caractéristiques individuelles dans le cours du développement restant posée. Les nouveau-nés ou les nourrissons ont fait l'objet d'observations systématiques selon des procédures normalisées qui ont montré d'importantes différences individuelles se manifestant dès la naissance. Des questionnaires auxquels les sujets répondent par écrit sont souvent utilisés à des âges plus avancés et fournissent alors des résultats plus fidèles. Ces questionnaires, très nombreux dans les publications américaines, ont fourni la majeure partie des données recueillies et analysées. Le grand nombre de travaux utilisant des instruments et des modalités d'analyse différents, la diversité des hypothèses qui les sous-tendent, ne permettent pas toujours de tirer de ces travaux des enseignements généraux. Cependant, les grandes dimensions de la personnalité qui avaient émergé des travaux antérieurs ont continué à apparaître comme les plus cohérentes et les plus stables. Nous les avons signalées au chapitre III-3. Ce sont l'Extraversion-Introversion d'une part, retrouvée par H. J. Eysenck, R. B. Cattell et de nombreux autres chercheurs ; et d'autre part une dimension de stabilité émotionnelle qui, chez Eysenck, se dénomme le Neuroticisme alors que Cattell utilise l'expression Anxiété pour désigner une dimension se situant entre l'Introversion et le Neuroticisme d'Eysenck. On peut se représenter ces facteurs comme ceux qui occupent le sommet d'une hiérarchie de facteurs à champ plus restreint. Mais l'accord n'est pas fait quant à ces facteurs restreints. Des hypothèses ont été avancées sur les fondements biologiques des différences individuelles dans le domaine de la personnalité, notamment par Eysenck et par des chercheurs soviétiques et polonais que l'on peut qualifier de néo-pavloviens. On peut remarquer que certains, comme J. Strelau (1983), ont abandonné les épreuves de laboratoire pour des questionnaires parfois très proches de ceux qu'utilisent les chercheurs « occidentaux ».

Les styles « cognitifs », qu'il vaut mieux appeler styles « de conduite » car ils se manifestent à la fois dans le domaine cognitif et le domaine conatif, ont fait l'objet de très nombreux travaux pendant la période considérée. La dépendance-indépendance à l'égard du champ (témoignant théoriquement d'un degré plus ou moins grand de « différenciation ») a été utilisée dans d'innombrables publications. La mort de Witkin (en 1979) et la dispersion de son groupe ont peut-être contribué à atténuer l'impact de cette notion. D'autres styles de conduite ont au contraire pris une importance accrue. C'est le cas notamment pour la réflexion-impulsivité, pour les comportements « de type A », pour la localisation du renforcement *(locus of control)* et les styles d'attribution. De nombreux autres styles cognitifs ont été envisagés de façon plus épisodique. M. Huteau (1987) a consacré un ouvrage d'ensemble à cette question.

Une notion ancienne qui connaît un renouveau d'intérêt est celle de « concept de soi ». Elle comporte aussi des aspects cognitifs et des aspects conatifs. La représentation que chaque individu se fait de lui-même, de ce dont il se considère capable, de ce qu'il a été et de ce qu'il deviendra, du personnage dont il souhaite donner l'image à ceux qui l'entourent, fournit à l'individu des modèles (plusieurs pour chaque individu) qui contribuent à la fois à organiser sa sélection et son traitement de l'information et à orienter ses conduites.

De façon générale, le développement des études portant sur les relations entre les différences individuelles observées dans ces deux domaines paraît constituer une évolution actuelle importante en psychologie différentielle. Elle constitue l'une des manifestations d'un certain affaiblissement de la véritable hégémonie cognitiviste qui s'était installée en psychologie et qui conduisait même certains psychologues à limiter aux processus cognitifs le domaine de leur discipline. Cette attitude a suscité des interrogations pertinentes (M. Richelle, 1987) ; certains cognitivistes constatent que le fonctionnement cognitif est influencé par des facteurs conatifs ; on ne peut expliquer les conduites sociales par la seule cognition (voir M. Reuchlin, 1990). Cette évolution, qui renouvelle le sens et la façon d'aborder des problèmes anciens, conduit dans notre domaine à une représentation des différences individuelles sous la forme d'un système de variables dont les unes peuvent être qualifiées de cognitives et les autres de conatives, les relations de cause à effet pouvant être orientées dans les deux sens. Un exemple parmi d'autres peut être trouvé dans les relations constatées entre la perception des événements et la susceptibilité à la dépression (voir par exemple l'utilisation du modèle LISREL dans ce domaine par S. D. Cochran et C. L. Hammen, 1985).

3. *Facteurs génétiques et facteurs de milieu*

Les effets éventuels de facteurs génétiques ou environnementaux sur les différences individuelles constituent un thème de recherche qui suscite — surtout aux États-Unis — de nombreux travaux. Le nombre d'articles publiés sur ce sujet dans des périodiques scientifiques tels que *Child development* ou *Behavior genetics*, entre autres, en témoigne. Des revues de travaux portant sur cette question paraissent régulièrement. Citons par exemple celle de J. C. Loehlin, L. Willerman et J. M. Horn (1988). R. Plomin, J. C. DeFries,

S. Scarr, etc., sont aussi des chercheurs très productifs travaillant dans ce domaine.

La collecte des données emploie surtout les deux principales méthodes d'enquête utilisables sur l'homme : celle qui utilise l'observation d'enfants adoptés et celle qui utilise des jumeaux. Elles ont été mentionnées au chapitre V.

La méthode des adoptions peut se proposer un objectif limité : mettre en évidence les effets du milieu sur le développement psychologique de l'enfant. C'est le cas pour celle qui a été dirigée en France par M. Schiff (M. Schiff *et al.*, 1981). Elle a montré que des enfants de travailleurs manuels adoptés par des cadres parvenaient à atteindre un Q.I. moyen et des résultats scolaires moyens à peu près égaux au Q.I. moyen et aux résultats scolaires moyens observés chez les enfants biologiques de ces cadres.

La méthode des adoptions peut aussi tenter des évaluations portant à la fois sur certains facteurs de milieu et sur certains facteurs génétiques. Plusieurs enquêtes de ce genre ont été réalisées récemment ou sont en cours aux États-Unis, parfois selon un plan longitudinal (c'est-à-dire impliquant des examens répétés des mêmes enfants dans le cours de leur développement). On peut citer par exemple le *Colorado Adoption Project* lancé en 1975 par R. Plomin et J. C. DeFries (voir leurs publications de 1983 et 1985, entre autres). Cette enquête porte sur plus de 200 familles ayant adopté un enfant et sur 200 autres ne l'ayant pas fait mais appariées aux premières pour plusieurs caractères, notamment le nombre et l'âge de leurs enfants. De nombreuses observations sont recueillies, non seulement sur les enfants mais aussi sur les parents adoptifs et les parents biologiques des enfants adoptés ainsi que sur les membres des familles non adoptives. Le principe général des enquêtes de ce type est simple. La corrélation entre le Q.I. (par exemple) des enfants adoptés et celui de leurs parents biologiques avec lesquels ils n'ont pas vécu est considéré comme une manifestation de l'effet de facteurs héréditaires sur l'ordination quant au Q.I. des uns et des autres (et non nécessairement sur le niveau des moyennes de chacun des deux groupes). La corrélation entre enfants adoptés et parents adoptifs traduit des influences environnementales. Dans les familles élevant seulement leurs propres enfants, la corrélation parents-enfants est influencée à la fois par l'hérédité et par le milieu. Les méthodes d'analyse sont en fait beaucoup plus complexes et exigent que d'autres facteurs soient pris en compte. On pourra s'en convaincre en lisant les travaux publiés. D'autres enquêtes récentes utilisant des enfants adoptés ont été réalisées au Minnesota par S. Scarr et ses collègues et, au Texas, par J. C. Loehlin, J. M. Horn et L. Willerman.

La méthode des jumeaux, dont le principe a été présenté au chapitre V, a été également utilisée dans plusieurs enquêtes récentes. L'une des plus importantes est celle qui se poursuit depuis 1957 à l'Université de Louisville (*Louisville Twin Study* ; consulter par exemple R. S. Wilson et A. P. Matheny, 1986). C'est une enquête longitudinale qui recrute chaque année de nouveaux sujets. En 1983, elle portait sur 494 paires de jumeaux dont les âges allaient de 3 mois à 15 ans. Un nombre élevé d'autres enquêtes ont utilisé cette méthode. Nous ne pouvons que renvoyer à des revues de question qui les présentent, par exemple la revue de R. Plomin (1986) ou celle de H. H. Goldsmith (1983).

En ce qui concerne les méthodes d'analyse des données ainsi recueillies, on a continué à comparer des corrélations intraclasses calculées sur des ensembles de paires de sujets à l'intérieur desquelles le degré de communauté génétique est plus ou moins élevé (cette communauté est totale entre deux jumeaux monozygotes, elle est nulle en principe entre des enfants pris dans des familles différentes, et elle prend plusieurs valeurs intermédiaires pour des ensembles de paires de sujets présentant des degrés différents de parenté). Pour le même degré de communauté génétique, on distingue des paires dans lesquelles les deux sujets ont été élevés ensemble et des paires dans lesquelles ils ont été élevés séparément. Les résultats relativement anciens rapportés au chapitre V ont été confirmés (T. J. Bouchard et M. McGue, 1981) : la ressemblance entre les deux sujets de chaque paire (pour le Q.I. par exemple) est d'autant plus élevée que leur degré de communauté génétique est plus élevé ; pour un même degré de communauté génétique, les enfants élevés ensemble ont des résultats plus voisins que les enfants élevés séparément.

On a continué aussi à utiliser, en la perfectionnant, une méthode proposée par R. B. Cattell, consistant à analyser la variance d'une distribution en plusieurs composantes attribuables chacune à une source de variation génétique ou environnementale déterminée : l'analyse de la variance multiple et abstraite ou *Multiple Abstract Variance Analysis* ou M.A.V.A. (R. B. Cattell, 1982 ; voir une évaluation critique chez J. C. Loehlin, 1984).

Mais le développement le plus notable en ce qui concerne les méthodes d'analyse réside dans l'usage des modèles structuraux dont on trouvera de nombreux exemples d'utilisation, notamment dans *Behavior Genetics*. Ces modèles définissent, nous l'avons dit, un système de relations entre plusieurs variables, observées ou latentes. Ici, les données observées peuvent être les résultats d'examens pratiqués sur les sujets (enfants adoptés, jumeaux, enfants élevés dans leur famille, parents, personnes liées par des degrés différents de parenté), les pratiques éducatives, les autres observations relatives au milieu, etc., et les corrélations (ou covariances) constatées entre ces variables. Les variables latentes (hypothétiques, non directement mesurables) peuvent être les contributions additives ou non (dominance, épistasie) des génotypes, celles de l'homogamie, du placement sélectif des enfants adoptés, de différents aspects du milieu, etc. Les liaisons postulées par ces modèles sont choisies en fonction des connaissances acquises en génétique et d'hypothèses sur l'intervention des facteurs de milieu et sur les interactions entre facteurs génétiques et facteurs de milieu. On essaie d'expliquer les relations observables entre les données par ce modèle, c'est-à-dire par le système de relations que ce modèle postule entre les variables qu'il inclut. Le résultat est plus ou moins satisfaisant en ce sens que les relations « prédites » par le modèle entre les variables observables sont plus ou moins conformes aux relations réellement observées. On peut alors être conduit à modifier le modèle, c'est-à-dire les hypothèses sur lesquelles il se fondait. Cette méthode d'analyse, d'une assez grande complexité, n'aurait pas été concevable avant qu'on ne dispose de puissants moyens de calcul automatique. Elle s'applique (comme la M.A.V.A.) à des données d'origines diverses (adoptions, jumeaux, etc.) traitées simultanément.

La génétique du comportement se heurte chez l'homme à un obstacle majeur : l'impossibilité absolue d'une expérimentation qui exigerait, par exemple, un appariement au hasard des géniteurs, ou le transfert d'un embryon, à de seules fins expérimentales, dans l'utérus d'une mère porteuse. D'où la tentation de se rabattre sur l'expérimentation animale, sans que l'on puisse alors généraliser nécessairement à l'homme les résultats qu'elle fournit. La modélisation structurale, permettant une représentation des effets de sources de variation non contrôlables expérimentalement, constitue dans une certaine mesure une issue à ce dilemme.

Les nombreuses données recueillies dans les enquêtes récentes et les exigences de leur analyse par des modèles imposant une formulation explicite des hypothèses sur lesquelles ils se fondent ont suscité une évolution importante de plusieurs questions relatives aux effets des facteurs génétiques et environnementaux sur la variation interindividuelle. On se bornera de nouveau à signaler allusivement quelques exemples.

La distinction entre facteurs génétiques « additifs » et « non additifs » apparaît plus clairement, même si des auteurs comme Cattell continuent à la négliger. Elle est importante : les premiers sont à peu près seuls responsables de la transmission d'un certain caractère entre deux générations successives, les seconds dépendant essentiellement du hasard qui préside à chaque fécondation. Il convient donc de distinguer, au sein de la détermination génétique, la fraction constituant l'héritabilité au sens strict. Les facteurs génétiques non additifs contribuent à déterminer les caractéristiques individuelles non partagées par les enfants issus d'un même couple.

Les enquêtes longitudinales ont conduit à penser que le génome ne définit pas seulement des caractéristiques déterminées de façon fixe pour chaque individu, et qui, en l'absence d'interaction avec le milieu, seraient immuables sa vie durant. Le génome peut programmer aussi des évolutions individuelles. On a constaté par exemple que l'évolution du Q.I. était beaucoup mieux synchronisée au sein des paires de jumeaux monozygotes qu'au sein des paires de jumeaux dizygotes.

On a constaté aussi qu'un milieu apparemment le même pour tous les enfants d'une même famille, y compris pour des jumeaux, produisait sur chacun d'eux des effets qui sont, dans une large mesure, différents. Cette constatation rappelle celle qui a été faite à propos des effets spécifiques à l'échelle individuelle des facteurs génétiques non additifs.

On a tenté de préciser les corrélations ou interactions entre effets génétiques et effets environnementaux. On parle en particulier des « composantes génétiques des facteurs de milieu ». Le milieu familial est en partie déterminé par le génome des parents, dont une partie se retrouve chez celui des enfants grandissant dans ce milieu. D'autre part, le comportement d'un enfant, déterminé en partie par son génome, contribue à déterminer les réactions de son entourage, notamment les pratiques éducatives de sa mère. Le génome de l'enfant contribue aussi à déterminer les choix qu'il fait relativement à son milieu, ses activités, etc. On remarquera cependant que cette détermination en partie génétique des conditions de milieu fonctionne vraisemblablement surtout dans les groupes sociaux ou ces conditions ne sont pas trop impérativement fixées par des déterminants tout à fait extérieurs au génome des individus.

Les recherches récentes relatives aux facteurs génétiques et environnementaux des différences individuelles sont loin d'avoir résolu les problèmes qui se posent dans ce domaine. Elles ont au moins permis d'en préciser la formulation et il serait certainement erroné de considérer que ces problèmes importants — même s'ils ne sont pas nécessairement les problèmes fondamentaux et ultimes de la psychologie différentielle — sont « dépassés ».

Conclusion

Les psychologues qui ont pris les différences individuelles comme objet d'étude paraissent avoir d'abord accepté comme des évidences un petit nombre d'idées simples sur les réalités qu'ils cherchaient à découvrir. Les différences observées dans les conduites manifestaient d'abord pour eux des différences constitutionnelles dont on put croire un moment que la génétique mendélienne, sous sa forme primitive, allait fournir une représentation convenable. Les aspects mesurables de ces différences se répartissaient selon une distribution normale et ces mesures traduisaient des réalités aussi concrètes, des grandeurs aussi fondamentales, que les mesures du corps. Ces aspects des conduites étaient différenciés les uns des autres par un simple appel à l'évidence, qui suffisait à déterminer quelles situations mettaient la mémoire en jeu, ou l'intelligence. Les conduites devaient s'organiser, les individus se grouper selon des schémas simples ou même selon *un* schéma simple qu'il s'agissait de découvrir : on n'admettait guère l'équivalence de plusieurs schémas, on ne concevait guère qu'ils puissent avoir tous le même degré ou le même type de réalité.

L'évolution de la psychologie différentielle l'a écartée de ce réalisme et de cette rigide simplicité.

Ses postulats ont cessé d'être des vérités évidentes pour devenir, comme ailleurs, des conventions de langage. Dire d'un test qu'il mesure l'intelligence n'est plus constater une évidence, c'est poser une définition opératoire provisoire, que pourront modifier les observations faites au cours même de la construction du test. On ne constate plus que l'intelligence se distribue normalement, mais on choisit de distribuer normalement les notes d'un test afin de définir par là son échelle de mesure. La notion fondamentale de ressemblance-différence, et les notions d'aptitude ou de type qui en dérivent dans le domaine des conduites et dans celui des individus, reçoivent explicitement plusieurs définitions chacune. La nature purement formelle de modèles comme celui de l'analyse factorielle est reconnue, et par suite la compatibilité éventuelle de plusieurs formes, de plusieurs schémas, propres à décrire la même réalité empirique en des langues différentes, et dont chacun peut être utilisé pour formaliser des contenus différents.

Construire des langages différents et cohérents ne peut constituer cependant la fin d'une discipline empirique comme la psychologie. Ces langages lui offrent des moyens de décrire une réalité dont on a cessé de penser, en psychologie différentielle comme ailleurs, qu'elle était suffisamment simple pour n'être accessible que sous une forme unique.

Comme tous les instruments, les tests ne sont que des analyseurs dont chacun ne code qu'un aspect des différences individuelles, saisi sous un certain angle. On peut construire des échelles de niveau mental telles que la différence entre la moyenne des garçons et la moyenne des filles soit nulle, et des échelles de masculinité-féminité sur lesquelles cette différence sera maximisée. On peut de même, et à volonté, construire des instruments sensibles ou insensibles aux différences entre milieux culturels. De telles mesures sont-elles donc arbitraires ? Elles le paraîtront à un esprit habitué à penser au singulier et pour qui les comparaisons entre garçons et filles, entre individus issus de milieux culturels différents, entre jumeaux monozygotes et dizygotes, posent chacune un problème de principe devant nécessairement recevoir une réponse unique. C'est dans la décision de ne connaître qu'un seul aspect de la réalité que résiderait en fait l'arbitraire. Celui qui cherche à prendre connaissance de la réalité doit seulement s'imposer, pendant le temps de sa recherche, le devoir d'être explicite et cohérent. S'il est explicite, il n'accordera pas à l'aspect de la réalité qu'il choisit d'appréhender un caractère de généralité donnant à ses résultats une portée qu'ils n'ont pas (notamment dans le domaine des applications). S'il est cohérent, il choisira, parmi tous les aspects du réel qui lui sont accessibles, celui qui répond au problème particulier que ce chercheur s'est posé aujourd'hui, problème auquel demain un autre succédera, qui imposera d'autres choix. Ceci s'applique au choix d'un instrument d'observation, et aussi au choix d'un certain mode d'élaboration des données recueillies : différentes rotations factorielles, différentes fonctions discriminantes, peuvent mettre en évidence des structurations différentes et également réelles de ces données.

Cette prise de conscience croissante de la pluralité des aspects sous lesquels peuvent être saisies les différences individuelles s'accompagne, ici comme ailleurs, d'une restriction dans le champ d'application des hypothèses mises à l'épreuve. On pourrait donner de nombreux exemples de cette évolution : on ne cherche plus à décrire la structure de l'esprit humain par une « expérience mammouth », mais seulement à savoir si des conduites impliquant l'usage d'une combinatoire se regroupent de façon distincte par rapport à celles qui impliquent l'usage du groupe I.N.R.C. ; on ne cherche plus les deux ou trois types somato-psychiques entre lesquels l'humanité se partagerait, mais en combien de sous-groupes se répartissent les ouvriers de tel groupe quant à l'incidence de l'alcoolémie sur les accidents du travail, etc.

Toute cette évolution que nous croyons percevoir en psychologie différentielle tend à faire tomber en désuétude les grands systèmes descriptifs ou explicatifs que proposaient les écoles factorielles et les typologies. Ce désintérêt à l'égard des théories très générales est peut-être une manifestation de la distance qui sépare maintenant le mode de pensée des philosophes et celui des psychologues. Il se manifeste, en tout cas, non seulement en psychologie différentielle, mais aussi en psychologie générale expérimentale.

Les polémiques sur l'apprentissage, qui opposaient Hull à Tolman, se sont terminées comme celles qui opposaient, à propos de la structure des différences individuelles, Spearman à Thurstone : elles ont conduit, non pas à trouver une réponse aux problèmes qu'elles posaient, mais à parler d'autre chose, à parler autrement. Ce langage nouveau, plus formalisé, mieux adapté à la pluralité des aspects de la réalité et à la spécificité de chaque recherche, peut constituer dans une mesure beaucoup plus large un langage commun à la psychologie différentielle et à la psychologie générale. Il serait important que ce langage commun soit précisé et employé.

Pour tenter d'expliquer les différences individuelles qu'elle constate dans certaines conduites, la psychologie différentielle ne peut pas utiliser d'autres hypothèses que celles qui expliquent le déroulement général de ces conduites. Les différences individuelles dans les conduites observables peuvent se ramener à des différences individuelles de degré affectant les facteurs qui interviennent de façon générale dans la régulation de ces conduites, et l'explication des différences observées part nécessairement alors de la connaissance de ces facteurs. Ces remarques pourraient être illustrées par les travaux relatifs à ce que nous avons appelé l'organisation des conduites, travaux dont beaucoup ont utilisé une méthode différentielle, mais qui concernent un problème de psychologie générale : si l'apparition d'une certaine conduite rend plus probable l'apparition d'une certaine autre conduite, la théorie générale de ces conduites doit permettre de rendre compte du fait et on ne peut envisager d'en rendre compte autrement. Les mêmes remarques pourraient aussi être illustrées par les aspects différentiels des faits de développement. Si tous les individus ne se développent pas à la même allure (si, par exemple, des enfants différents accèdent au stade formel à des âges différents), ces différences doivent pouvoir être expliquées par une théorie générale de ce développement, et ne sauraient être expliquées autrement.

On peut aussi remarquer que la psychologie générale postule que les processus qu'elle cherche à analyser sont les mêmes pour tous les sujets placés devant le même problème adaptatif. La psychologie différentielle suggère une autre façon de se représenter le domaine de la psychologie générale des fonctions. Chaque individu disposerait de plusieurs processus vicariants (M. Reuchlin, 1978) pour s'adapter à la situation dans laquelle il se trouve. Certains de ces processus seraient, chez un individu donné, plus facilement évocables que d'autres. La hiérarchie d'évocabilité serait en général différente d'un individu à un autre pour des raisons pouvant tenir à la constitution génétique, à l'expérience antérieure ou à l'interaction entre ces deux catégories de facteurs. Dans une situation déterminée, tous ces processus ne seraient pas également efficaces : ils seraient plus ou moins coûteux pour le même niveau d'adaptation, ou auraient des probabilités inégales de conduire à la « réussite ». Les individus les plus favorisés dans une certaine situation seraient ceux pour lesquels les processus les plus facilement évocables jouiraient de la plus grande efficacité dans cette situation. Des données de faits compatibles avec cette façon de voir ont été présentées à propos de l'apprentissage, du développement de l'intelligence (F. Longeot, 1978), de l'acquisition du langage (Reuchlin, 1985), de la perception de la verticale (T. Ohlmann, 1990). On peut alors se demander s'il est bon d'assigner comme objectif à la psychologie générale la découverte, pour chaque type de situation ou de modalité adaptative, du processus singulier utilisé par tous les représentants d'une espèce. Le psychologue généraliste peut aussi se proposer de décrire les modalités de fonctionnement des différents processus (en nombre probablement limité) dont chaque espèce dispose pour faire face à un problème adaptatif donné.

Si le corps des hypothèses utilisables en psychologie différentielle se confond ainsi avec le corps des hypothèses de la psychologie générale, l'ensemble des faits à expliquer est aussi un ensemble commun. Les observations sur les différences individuelles qui ont été faites ou se sont imposées ne constituent en rien une sorte de domaine réservé que la psychologie générale aurait le droit d'ignorer. Il est vrai que, dans certains cas, ces différences ne paraissent altérer les lois générales que faiblement, et de façon aléatoire au niveau des moyens d'observation mis en œuvre. Mais, dans la masse considérable des données différentielles que l'on peut trouver dans les travaux des « généralistes » (à condition de les y chercher, car elles sont rarement mises en évidence), il en est dont l'importance et le caractère systématique appelleraient plus d'intérêt. Il est important que différents « indicateurs » du conditionnement fournissent des résultats en corrélation très faible, et qu'il en soit de même pour différents dispositifs destinés à mesurer la vitesse de perception. La représentation des différences individuelles par des paramètres appropriés, dans les modèles mathématiques de processus d'apprentissage, mériterait mieux qu'une mention, notamment depuis que Tryon a montré expérimentalement le caractère héritable de ces différences. Les travaux différentiels qui se développent dans le champ de la psychologie cognitive paraissent prometteurs, qu'il s'agisse des « styles cognitifs », des processus de résolution de problèmes, des processus de décision, du langage et de la mémoire.

La collaboration entre « généralistes » et « différentialistes » peut facilement s'établir sur des données de fait, elle ne représente pas uniquement une perspective épistémologique abstraite.

Une telle démarche est l'une de celles qui permettent d'espérer que la psychologie, générale et différentielle, a les moyens de progresser sans renier son caractère scientifique, ni abandonner son objectif essentiel : les conduites de l'homme en milieu normal.

BIBLIOGRAPHIE SOMMAIRE

OUVRAGES GÉNÉRAUX

ANASTASI (A.), *Differential psychology*, New York, MacMillan, 1958.
BUSS (A. R.), POLEY (W.), *Individual differences : traits and factors*, New York, Gardner, 1976.
REUCHLIN (M.), *Les différences individuelles dans le développement conatif de l'enfant*, Paris, Presses Universitaires de France, 1990.
REUCHLIN (M.), BACHER (F.), *Les différences individuelles dans le développement cognitif de l'enfant*, Paris, Presses Universitaires de France, 1989.
WILLERMAN L., *The psychology of individual and group differences*, San Francisco, Freeman, 1979.

CHAPITRE PREMIER. — LE DÉVELOPPEMENT DE LA PSYCHOLOGIE DIFFÉRENTIELLE

ANASTASI (A.) (éd.), *Individual differences*, New York, Wiley, 1965.
BORING (E. G.), *A History of experimental psychology*, New York, Appleton, 1950.
HEARNSHAW (L. S.), *Cyril Burt, psychologist*, New York, Vintage Books, 1981.
HEARNSHAW (L. S.), WATSON (R. I.), RICHARD (J.-F.), REUCHLIN (M.), L'élaboration des concepts et des méthodes de la psychologie différentielle au XIXe siècle et au début du XXe, *in* G. CANGUILHEM (éd.), *XIIe Congrès international d'histoire des sciences. Colloques. Textes des rapports*, Paris, Albin Michel, 1968, 343-400.
PEARSON (K.), *The life, letters and labours of Francis Galton*, Cambridge, University Press, I, 1914 ; II, 1924 ; III, 1930.
REUCHLIN (M.), Naissance de la psychologie appliquée, *in* M. REUCHLIN (éd.), *Traité de psychologie appliquée*, Paris, Presses Universitaires de France, t. I, 1971.
REUCHLIN (M.), *Histoire de la psychologie*, Paris, Presses Universitaires de France, 1986 (13e éd.).

CHAPITRE II. — LES MÉTHODES DE LA PSYCHOLOGIE DIFFÉRENTIELLE

ANASTASI (A.), *Psychological testing, Fifth edition*, New York, Mac Millan, 1982.
ANASTASI (A.), Evolving concepts of test validation, *Annual review of psychology*, 1986, *37*, 1-15.
AUBRET (J.), Reconnaissance des acquis et outils d'évaluation, *Pratiques de formation*, numéro spécial 1989, Université de Paris VIII.
BACHER (F.), *Les enquêtes en psychologie*, Lille, Presses Universitaires de Lille, 1982.

JONES (L. V.), APPELBAUM (M. I.), Psychometric methods, *Annual review of psychology*, 1981, *32*, 629-658.
REUCHLIN (M.), *Les méthodes quantitatives en psychologie*, Paris, Presses Universitaires de France, 1962.
REUCHLIN (M.), *Précis de statistique*, Paris, Presses Universitaires de France, 1987 (4e éd.).
WEISS (D. J.), DAVISON (M. L.), Test theory and methods, *Annual review of psychology*, 1981, *32*, 629-658.

CHAPITRE III. — L'ORGANISATION DES CONDUITES

CARSON (R. C.), Personality, *Annual review of psychology*, 1989, *40*, 227-248.
CATTELL (H. J.), *Abilities : their structure, growth and action*, Boston, Houghton Mifflin, 1971.
CATTELL (H. J.), *The scientific analysis of personality and motivation*, New York, Academic Press, 1977.
EYSENCK (H. J.), *The biological basis of personality*, Springfield, Thomas, 1967.
EYSENCK (H. J.), *The structure of human personality*, Londres, Methuen, 1970.
EYSENCK (H. J.) (éd.), *A model for personality*, Berlin, Springer-Verlag, 1981.
FISCHER (K. W.), SILVERN (L.), Stages and individual differences in cognitive development, *Annual review of psychology*, 1985, *36*, 613-648.
GUILFORD (J. P.), Higher order S.I. abilities, *Multivariate behavioral research*, 1981, *16*, 411-435.
GUILFORD (J. P.), HOEPFNER (R.), *The analysis of intelligence*, New York, McGraw Hill, 1971.
HUTEAU (M.), *Les conceptions cognitives de la personnalité*, Paris, Presses Universitaires de France, 1984.
LONGEOT (F.), *Psychologie différentielle et théorie opératoire de l'intelligence*, Paris, Dunod, 1969.
NEBYLITSYN (V. D.), GRAY (J. A.) (éds), *Biological basis of individual behavior*, New York, Academic Press, 1972.
NUTTIN (J.), *La structure de la personnalité*, Paris, Presses Universitaires de France, 1968.
RESNICK (L. B.), *The nature of intelligence*, New York, Wiley, 1976.
REUCHLIN (M.), *Psychologie*, Paris, Presses Universitaires de France, 1988 (7e éd.).
VERNON (P. E.), *La structure des aptitudes humaines*, Paris, Presses Universitaires de France, 1952.
VERNON (P. E.), *Personality assessment. A critical survey*, Londres, Methuen, 1963.
WITKIN (H. A.), DYK (R. B.), FATERSON (H. F.), GOODENOUGH (D. R.), KARP (S. A.), *Psychological differenciation. Studies of development*, New York, Wiley, 1962 et 1974.
WITKIN (H. A.), GOODENOUGH (D. R.), Cognitive style : essence and origins, *Psychological issues*, Monograph 51, 1981.

CHAPITRE IV. — A) LES TYPES

CARDINET (J.), GENDRE (F.), Etude méthodologique des fonctions discriminantes appliquées à la Batterie générale d'aptitudes, *Bulletin du Centre d'Etudes et de Recherches psychotechniques*, 1966, *15*, 171-181.
LEDERMANN (S.), *Alcool, alcoolisme, alcoolisation*, Cahier de l'Institut national d'Etudes démographiques, n° 41, Paris, Presses Universitaires de France, 1964.
PICHOT (P.), PERSE (J.), L'application des fonctions discriminantes au diagnostic individuel en psychologie, *Revue de psychologie appliquée*, 1952, *2*, 19-34.
RULON (P. J.), TIEDEMAN (D. V.), TATSUOKA (M. M.), LANGMUIR (C. R.), *Multivariate statistics for personnel classification*, New York, Wiley, 1967.
VAN DE GEER (J. P.), *Introduction to multivariate analysis for the social sciences*, San Francisco, Freeman, 1971.

CHAPITRE IV. — B) 1. LE SEXE

DEAUX (K.), Sex and gender, *Annual review of psychology*, 1985, *36*, 49-81.
LARCEBEAU (S.), Psychologie différentielle des intérêts : l'influence du sexe, *B.I.N.O.P.*, 1967, *23*, n° 3, 165-207.
MACCOBY (E. E.), JACKLIN (C. N.), *The psychology of sex differences*, Stanford, Stanford University Press, 1974.
PIRET (R.), *Psychologie différentielle des sexes*, Presses Universitaires de France, 1973.
SEWARD (J. P.), SEWARD (G. H.), *Sex differences : mental and temperament*, Lexington (Mass.), Lexington Books, 1980.

CHAPITRE IV. — B) 2. LE MILIEU CULTUREL

EELLS (K.), DAVIS (A.), HAVIGHURST (R. J.), HERRICK (V. E.), TYLER (R.), *Intelligence and cultural differences*, Chicago, The University of Chicago Press, 1951.
LAUTREY (J.), *Classes sociales, milieu familial, intelligence*, Paris, Presses Universitaires de France, 1980.
REUCHLIN (M.), Les facteurs socio-économiques du développement cognitif, in *Milieu et développement*, Symposium de l'Association de Psychologie scientifique de Langue française, Paris, Presses Universitaires de France, 1972.
REUCHLIN (M.), BACHER (F.), *L'orientation à la fin du premier cycle secondaire*, Paris, Presses Universitaires de France, 1969.

CHAPITRE V. — FACTEURS GÉNÉTIQUES ET FACTEURS DE MILIEU

ERLENMEYER-KIMLING (L.), JARVIK (L. F.), Genetics and intelligence : a review, *Science*, 1963, *142*, 1477-1479.
HUSEN (T.), Analyse de facteurs héréditaires et de milieu déterminant la réussite scolaire par l'étude de jumeaux élevés ensemble, *Bulletin de psychologie*, 1967, *20*, numéro spécial, 772-781.
INHELDER (B.), SINCLAIR (H.), BOVET (M.), *Apprentissage et structure de la connaissance*, Paris, Presses Universitaires de France, 1974.

LARMAT (J.), *La génétique de l'intelligence*, Paris, Presses Universitaires de France, 1979.

REUCHLIN (M.) (éd.), *L'hérédité des conduites*, Paris, Presses Universitaires de France, 1973.

REUCHLIN (M.) (éd.), *Cultures et conduites*, Paris, Presses Universitaires de France, 1976.

ROSTAND (J.), *L'hérédité humaine*, Paris, Presses Universitaires de France, 1969.

ROUBERTOUX (P.), CARLIER (M.), *Génétique et comportement*, Paris, Masson, 1976.

ROUBERTOUX (P.), CARLIER (M.), GOTTESDIENER (H.), Génétique et intelligence, *Bulletin de psychologie*, 1978-1979, *32*, numéro spécial.

VAYSSE (G.), MÉDIONI (J.), *L'emprise des gènes et les modulations expérientielles du comportement*, Toulouse, Privat, 1982.

ZAZZO (R.), *Les jumeaux, le couple et la personne*, Paris, Presses Universitaires de France, 1986.

CHAPITRE VI. — LES DÉVELOPPEMENTS RÉCENTS

BACHER (F.), Les modèles structuraux en psychologie. Présentation d'un modèle : LISREL, *Le Travail humain*, 1987, *50*, 347-370, et 1988, *51*, 273-288.

BOUCHARD (T. J.), MCGUE (M.), Familial studies of intelligence : a review, *Science*, 1981, *212*, 1055-1059.

CATTELL (H. J.), *The inheritance of personality and ability*, New York, Academic Press, 1982.

COCHRAN (S. D.), HAMMEN (C. L.), Perceptions of stressful life events and depression : a test of attributional models, *Journal of personality and social psychology*, 1985, *48*, 1562-1571.

HUNT (E.), LANSMAN (M.), Individual differences in attention, *in* R. J. STERNBERG (éd.), *Advances in the psychology of human intelligence*, vol. 1, Hillsdale, L. Erlbaum, 1982.

HUTEAU (M.), *Style cognitif et personnalité. La dépendance-indépendance à l'égard du champ*, Lille, Presses Universitaires de Lille, 1987.

JENSEN (A. R.), The chronometry of intelligence, *in* R. J. STERNBERG (éd.), *Advances in the psychology of human intelligence*, vol. 1, Hillsdale, L. Erlbaum, 1982.

LAUTREY (J.), BIDEAUD (J.), Issues raised by training procedures in the study of cognitive development : the example of reasoning in inclusion tasks, *in* C. J. BRAINERD, V. F. REYNA (éds), *Developmental psychology*, Amsterdam, North Holland, 1985.

LAUTREY (J.), de RIBAUPIERRE (A.), RIEBEN (L.), Intraindividual variability in the development of concrete operations : relations between logical and infralogical operations, *Genetic, social and general psychological monographs*, 1985, *111*, 167-192.

LAUTREY (J.), de RIBAUPIERRE (A.), RIEBEN (L.), Les différences dans la forme du développement cognitif évalué avec des épreuves piagétiennes : une application de l'analyse des correspondances, *Cahiers de psychologie cognitive*, 1986, *6*, 575-613.

LOEHLIN (J. C.), R. B. Cattell and behavior genetics, *Multivariate behavioral research*, 1984, *19*, 337-343.

LOEHLIN (J. C.), WILLERMAN (L.), HORN (J. M.), Human behavior genetics, *Annual review of psychology*, 1988, *39*, 101-133.

PLOMIN (R.), Behavioral genetic methods, *Journal of personality*, 1986, *54*, 226-261.

PLOMIN (R.), DEFRIES (J. C.), The Colorado adoption project, *Child development*, 1983, *54*, 276-289.

PLOMIN (R.), DEFRIES (J. C.), *Origins of individual differences in infancy. The Colorado adoption project*, Orlando, Academic Press, 1985.

REUCHLIN (M.), Processus vicariants et différences individuelles, *Journal de psychologie normale et pathologique*, 1978, n° 2, 133-145.

STERNBERG (R. J.), Mechanisms of cognitive development : a componential approach, *in* R. J. STERNBERG (éd.), *Mechanisms of cognitive development*, New York, Freeman, 1984.

STRELAU (J.), *Temperament, personality, activity*, Londres, Academic Press, 1983.

WILSON (R. S.), MATHENY (A. P.), Behavior-genetics research in infant temperament : the Louisville twin study, *in* R. PLOMIN, J. DUNN, *The study of temperament : changes, continuities and challenges*, Hillsdale, Erlbaum, 1986.

CONCLUSION

LONGEOT (F.), *Les stades opératoires de Piaget et les facteurs de l'intelligence*, Grenoble, Presses Universitaires de Grenoble, 1978.

OHLMANN (T.), La perception de la verticale lors de conflits vision/posture: un exemple de processus vicariants, *in* M. REUCHLIN, F. LONGEOT, C. MARENDAZ, T. OHLMANN (éds), *Connaître différemment*, Nancy, Presses Universitaires de Nancy, 1990.

REUCHLIN (M.), Aspects différentiels des conduites de décision, *Bulletin de psychologie*, 1981-1982, *35*, 354-364.

REUCHLIN (M.), Psychologie différentielle du langage, *in* J. A. RONDAL (éd.), *Manuel de psychologie du langage*, Bruxelles, Mardaga, 1985.

INDEX DES AUTEURS CITÉS

INDEX DES MATIÈRES

TABLE DES MATIÈRES

Imprimé en France
Imprimerie des Presses Universitaires de France
73, avenue Ronsard, 41100 Vendôme
Septembre 1990 — N° 36 117